Michael Jackson.
Su vida.

By:

Jose Almanza.

Michael Jackson

Michael Jackson
Información personal
Nombre real Michael Joseph Jackson
Nacimiento 29 de agosto de 1958
Origen Gary, Indiana, Estados Unidos
Muerte 25 de junio de 2009 (50 años)
Los Ángeles, California, EE.UU.
Cónyuge Lisa Marie Presley (1994-1996)
Deborah Rowe (1997-1999)
Hijos Prince Michael Joseph Jackson (n. 1997)
Paris Michael Katherine Jackson (n. 1998)
Prince Michael II "Blanket" Jackson (n. 2002)
Ocupación Cantante, bailarín, compositor productor, coreógrafo, arreglista
Información artística
Tipo de voz Contratenor
Alias Rey del Pop
Género(s) Pop, R&B, disco, dance, new ack swing
Instrumento(s) Voz
Período de actividad 1967 – 2009
Discográfica(s) Motown, Epic
Artistas relacionados The Jackson 5
Web
Sitio web www.michaeljackson.com [1]

Su firma:

Michael Joseph Jackson (Gary, Indiana, 29 de agosto de 1958 – Los Ángeles, 25 de junio de 2009), conocido en el mundo artístico como **Michael Jackson**, fue un cantante, compositor y bailarín estadounidense de música pop y sus variantes.

Conocido como el «Rey del Pop», fue incluido en el Guinness World Records como el cantante más exitoso de todos los tiempos. Su contribución a la música, al baile y a la moda, además de su publicitada vida personal le convirtieron en una figura de la cultura popular.

Comenzó su carrera artística con sus hermanos en la banda The Jackson 5 a mediados de los años 1960, en el cual publicó junto a ellos diez álbumes hasta 1975.

En 1971 inició su carrera en solitario, aunque siguió perteneciendo a la banda de sus hermanos. Debido al extraordinario impacto de su álbum *Thriller* (1982), el disco más vendido de la historia de la música, se convirtió en la mayor estrella de la música pop en ese momento.

Algunos de sus álbumes publicados, como *Off the Wall* (1979), *Bad* (1987), *Dangerous* (1991) o *HIStory: Past, Present and Future, Book I* (1995), figuran entre los álbumes más vendidos de todos los tiempos, lo que le sirvió para entrar en el Rock and Roll Hall of Fame.

Por otra parte, trece de los 98 sencillos de Jackson alcanzaron el primer lugar de la lista *Billboard* 100 y vendió entre 300[2] y 350 millones[3] e incluso se consideran las ventas de más de 750 millones de discos.[4]

Fue reconocido durante su carrera con el apodo del «Rey del Pop», siendo la superestrella de la música pop[5] más exitosa a nivel mundial, sin embargo también su música incluyó una amplia acepción de subgéneros como el rhythm & blues (soul y funk), disco y dance.[5]

También durante su vida sirvió de influencia musical para decenas de artistas.
Michael Jackson a lo largo de su trayectoria ha cosechado múltiples premios, ha sido incluido dos veces en el Salón de la Fama del Rock, ha batido múltiples récords en el Guinness World Records y ha recibido veintiséis American Music Awards y quince premios Grammy, de los cuales dos son póstumos. Posee el récord de artista más galardonado de la historia de la música, con 386 premios.

Además, ha sido reconocido por sus actos de filantropía, ostentando el récord al artista que más dinero ha donado a obras benéficas, con cientos de millones de dólares donados a 39 instituciones de este tipo.[6]

Posteriormente, en los años 1990 se vio envuelto en dos capítulos polémicos: el primero en 1993 y más tarde en 2003.

En ambos casos el cantante fue acusado de pederastia, a través de acusaciones de abuso sexual hacia dos niños de trece años en cada caso. Sin embargo, las acusaciones fueron revocadas tras abonar una suma de más de veinte millones de dólares a fin de evitar un juicio en el primer caso y, en el segundo, al ser absuelto en el juicio por falta de pruebas.

Estos sucesos tuvieron repercusión mundial y afectaron sus últimos años de su vida y carrera artística.[7]

Casi una década después, fue publicado *Invincible* (2001), cuyo lanzamiento fue reconocido como un total fracaso, puesto que las ventan fueron inferiores a los gastos y el artista se vio implicado en una disputa con su discográfica.

Tras más de diez años desde su última gira, Michael Jackson anunció su regreso a los escenarios con una gira que se titularía *This Is It*, sin embargo, a casi veinte días del comienzo de la gira, el 25 de junio de 2009, el cantante falleció por un paro cardiorrespiratorio.

El Departamento Forense del Condado de Los Ángeles declaró que su muerte había sido un homicidio, y su médico personal se declaró «no culpable» de los cargos de homicidio involuntario ante un
tribunal y pagó una fianza para no ingresar a prisión, su juicio se pospuso para enero de 2011.

La repentina muerte del artista dio lugar a una avalancha de pena, y hasta mil millones de personas vieron su funeral público en la televisión en vivo.

En 2010, Sony Music Entertainment firmó un contrato con su familia por 250 millones de dólares para retener los derechos de distribución de sus discos y publicar hasta siete álbumes póstumos hasta 2017.

Vida y carrera

Primeros años y The Jackson Five (1958-1975)

Casa de Michael Jackson en Gary, Indiana, tres días después de su muerte.

Michael Joseph Jackson nació en Gary, Indiana, el 29 de agosto de 1958. Su madre, Katherine Esther Scruse, era una devota testigo de Jehová, y su padre, Joseph Walter "Joe" Jackson, trabajaba en una fábrica y

cantaba en un conjunto musical llamado The Falcons. Michael tuvo tres hermanas: Rebbie, La Toya y Janet, y seis hermanos: Jackie, Tito, Jermaine, Marlon, Brandon (mellizo de Marlon que murió poco después de nacer)[8] y Randy.[9]

Casa de Michael Jackson en Gary, Indiana, tres días después de su muerte.

Durante su infancia vivió en una casa en su tierra natal de Gary, Indiana, con sus padres y sus ocho hermanos, donde creció en un ambiente de maltratos continuos,[10] debido a los abusos que sufrió por parte de su padre, como confirmó su hermano Tito. Éste aseguro que, en varias ocasiones, el cantante «lloraba mucho debido a los golpes de su padre e intentaba esconderse de él»,[11] y que, cuando no podía, Joe se reía de Michael.[11]

Su padre cometió adulterio varias veces, y en una de esas tuvo una hija.[12] Ese tipo de relación hizo que la pareja no se sintiese a gusto con su relación matrimonial, por lo que desde 2005 la pareja decidió dejar de vivir junta y en agosto de 2010 anunciaron su separación después de 60 años de matrimonio.[13]

Desde temprana edad demostró interés por la música, cuando cantaba en las celebraciones navideñas del jardín de infantes al que asistía. En 1964, su hermano Marlon y él se unieron a la banda musical Jackson Brothers, formada por sus hermanos mayores —Jackie, Tito, y Jermaine — donde tocaban unos pequeños bongós y panderetas. Michael destacó del resto de sus hermanos por su habilidad para cantar y bailar, y se convirtió, junto a su hermano Jermaine, en vocalista del grupo, al que posteriormente denominaron The Jackson Five.[9]

El grupo actuó durante años en diferentes clubes chitlin' circuit a lo largo de los estados del este y del medio Oeste
de Estados Unidos, comenzó a participar en concursos y festivales para aficionados, y llegó a actuar en el conocido teatro Apollo de Nueva York.[14]

En 1967, lanzaron el sencillo "Big Boy" con la discográfica Steeltown. Al año siguiente, recomendados por Gladys Knight y por el productor Bobby Taylor, hicieron una audición para Motown Records, en la que Berry Gordy, dueño y jefe de la discográfica, decidió contratarlos tras ver una cinta de vídeo en la que Michael hacía versiones de temas de James Brown junto a sus hermanos.[9]

Más tarde, en 1969 lanzaron el sencillo "I Want You Back", canción que alcanzó la primera posición de la lista *Billboard* Hot 100.

Un éxito similar tuvieron sus tres siguientes sencillos, "ABC", "The Love You Save" y "I'll Be There", los cuales también llegaron a la cima de las listas de éxitos.[9]

En 1972, a los catorce años de edad, inició su carrera en solitario con los álbumes *Got to Be There* y *Ben*, al tiempo que compatibilizaba su labor como vocalista del grupo que formaba con sus hermanos.

Llegaron a los primerospuestos de la lista *Billboard* Hot 100 las canciones "Got to Be There" (cuarto lugar), "Ben" (primer lugar), temacentral de la película del mismo nombre, y "Rockin' Robin" (segundo lugar).

Pese al éxito que habían conseguido os temas que había grabado el cantante en solitario, las ventas de los discos de The Jackson Five comenzaron a descender, al mismo tiempo que el grupo deseaba autoproducirse y componer sus propios temas, cosa que Gordy no aceptó, por lo que los hermanos dejaron Motown Records en 1975.[15]

Contrato con Epic y *Off the Wall* (1975-1981)

En junio de 1975, The Jackson 5 firmaron un contrato con Epic Records, filial de CBS Records y cambiaron su nombre por el de The Jacksons.[15] [16]
Continuaron realizando giras de conciertos en los siguientes años y entre 1976 y 1984 lanzaron seis álbumes de estudio, para los cuales Michael escribió varias canciones, como por ejemplo "Shake Your Body (Down to the Ground)", "This Place Hotel" y "Can You Feel It".[17]

En 1978, el cantante interpretó el papel de Espantapájaros en la película *El mago*, remake del musical *El Mago de Oz* (1939), realizada esta vez por actores de origen afroamericano.[18]

Durante el rodaje conoció al productor Quincy Jones, con quien trabajó en los siguientes años.[19] Jones lo convenció para que produjeran juntos el siguiente álbum de estudio del artista, *Off the Wall*.[19] En 1979, se lesionó la nariz realizando una compleja rutina de baile y debió someterse a una rinoplastia, ya que además tenía problemas para respirar.[20]

Algunas de las canciones que conformaron el álbum *Off the Wall* fueron compuestas por Rod Temperton, Stevie Wonder y Paul McCartney; el disco fue publicado en 1979 y fue el primer trabajo discográfico de Jackson en contener cuatro sencillos que llegaron al Top 10 del *Billboard* Hot 100, entre los que se hallan "Don't Stop 'til You Get Enough" y "Rock With You".[21] *Off the Wall* alcanzó el puesto número tres del *Billboard* 200 y vendió más de veinte millones de copias en todo el mundo.

[22] En 1980, el artista ganó un premio Grammy en la categoría de mejor vocalista de R&B y tres premios AMA, en las categorías de mejor álbum de soul, mejor vocalista masculino de souly mejor sencillo de soul por el tema "Don't Stop 'Til You Get Enough".[21]

Después del éxito de este disco, Jackson se propuso trabajar en una producción que causase un impacto aún mayor en la crítica y el público que *Off the Wall*.[23] A comienzos de la década de 1980, recibió la cifra más alta jamás otorgada por regalías de la industria **musical, el 37% de la recaudación en ventas que tuvo este álbum.[24]**

Palace Theatre, Los Ángeles; lugar de la filmación del vídeo musical *Thriller*.

Thriller y Motown 25 (1982-1983)

En 1982, contribuyó con la canción "Someone In the Dark" al audiolibro de la película *E.T. The Extra Terrestrial*, grabación por la cual recibió un premio Grammy al mejor álbum para niños.[25]

En ese mismo año, el cantante lanzó su segundo álbum con Epic, *Thriller*, el cual se convirtió en el disco más vendido de todos los tiempos.[26] El álbum permaneció durante ochenta semanas consecutivas en el Top 10 de la lista *Billboard* 200, 37 de ellas en la cima de dicha publicación.

Esta fue la primera producción discográfica en contener siete sencillos que alcanzaron el Top 10 de la publicación *Billboard* Hot 100, entre los que se hallan "Billie Jean", "Beat It," y "Wanna Be

Startin' Somethin'."[27] *Thriller* vendió en todo el mundo más de 110 millones de copias y fue certificado por la Recording Industry Association of America con «doble diamante».

El éxito del mismo se debió en buena parte al videoclip del sencillo que da título al álbum, un cortometraje de más de 13 minutos de duración dirigido por John Landis.[28] [29] [30] De hecho, los vídeos que acompañaron a las canciones "Billie Jean" y "Beat It" (especialmente ésta última) le abrieron a Jackson el acceso a MTV, por aquel entonces un nuevo canal televisivo de música, siendo el primer cantante afroamericano que lo conseguía.

El 25 de marzo de 1983, actuó en el especial televisivo *Motown 25: Yesterday, Today, Forever*, donde interpretó la canción "Billie Jean" y presentó como sorpresa su paso coreográfico «moonwalk», que causó asombro y que sería imitado por los aficionados al break dance. Su actuación fue seguida por 47 millones de televidentes y fue

comparada con las apariciones que realizaron Elvis Presley y The Beatles en el *Ed Sullivan Show*.[32]

Pepsi, "We Are the World" y otros emprendimientos (1984-1985)

Michael Jackson con Ronald y Nancy Reagan en 1984

El 27 de enero de 1984, filmó un comercial para Pepsi Cola junto a otros miembros de su familia, en el Shrine Auditorium de Los Ángeles.[33] Durante el rodaje del mismo, el cantante sufrió quemaduras de segundo grado en su cuero cabelludo y parte de su rostro debido a que la pirotecnia que utilizaban en una escena, que simulaba ser un concierto, tuvo una explosión mayor de la esperada.[20]

Después de este episodio, Pepsi acordó mediante un trato extrajudicial otorgarle un millón y medio de dólares como compensación económica por las heridas que sufrió. Tras recibir este ingreso lo donó al Brotman Medical Center de la ciudad de Culver, California, donde había sido asistido.[34]

El 14 de mayo de 1984, fue invitado a la Casa Blanca para recibir un premio especial que le otorgó el entonces presidente estadounidense Ronald Reagan, por su trabajo humanitario. También en 1984, el artista ganó ocho premios Grammy.[35] A diferencia de sus siguientes álbumes, *Thriller* no fue acompañado de una gira promocional. Sin embargo, en ese año el cantante realizó junto a The Jacksons el Victory Tour, gira de conciertos con la cual ganó cinco millones de dólares y que posteriormente donó a diferentes obras caritativas.[36]
En 1985, junto a Lionel Richie y un extenso número de cantantes famosos, entre los que se hallan Stevie Wonder, Diana Ross, Tina Turner, Bob Dylan y Bruce Springsteen, entre otros, lanzó *USA for Africa*, una producción musical que contenía el sencillo "We Are the World", que reunió millones de dólares para ayudar a la población hambrienta de Etiopía y se convirtió en uno de los sencillos más vendidos de la historia.[37] En ese año, ATV Music puso a la venta los derechos de autor sobre las canciones más representativas del grupo The Beatles, compuestas en su mayoría por el dúo de compositores Lennon/McCartney.[38] [39] Jackson se interesó en comprar este catálogo de canciones después de haber trabajado con McCartney, a comienzos de los años 1980. Finalmente, después de diez meses de negociaciones, Michael adquirió el catálogo, luego de pagar 47 millones de dólares. Más tarde, esto terminó en una enemistad con Paul, ya que él también tenía intenciones de comprarlo.[38] [40]

Tabloides, *Bad*, problemas de salud y películas (1986-1987)

Jackson en el año 1987.

En 1986, se le diagnosticó vitíligo, por lo que su piel fue perdiendo pigmentación.[41] Esta enfermedad hizo que tuviera que evitar la exposición ante la luz solar. Para poder darle un tono más homogéneo a su piel, recurrió al maquillaje.[42] La estructura de su rostro también cambió: muchos cirujanos especularon con que se había operado la nariz, los labios y los pómulos, Michael admitió haberse operado la nariz, pero negó todo lo demás.[43]

A principios de los años 1980, comenzó a realizar una estricta dieta vegetariana porque deseaba tener un "cuerpo de bailarín", como señaló en su autobiografía.[44] Allegados al artista afirmaban que en ocasiones sufría de mareos debido a su bajo peso y que también padeció de anorexia nerviosa.[45] En esa década, varios periódicos publicaron una foto en la que el artista estaba recostado dentro de una cámara de oxígeno y que según ellos dormía allí para evitar envejecer, rumor que luego fue desmentido por él mismo.[46] [47]

También en esos años surgieron otros rumores que fueron negados por él, como por ejemplo que tenía intenciones de comprar los huesos del llamado *hombre elefante*.[46] [47] [47] [48] [49]

Más tarde, protagonizó el cortometraje en 3D *Captain EO*, bajo la dirección de Francis Ford Coppola. Este filme

contó con un gran presupuesto y fue distribuido de manera exclusiva en los parques temáticos de Disney. Después lanzó *Bad* (1987), su primer álbum de estudio en cinco años.[50] Esta producción fue un gran triunfo comercial, aunque no alcanzó las ventas logradas por su anterior trabajo discográfico, *Thriller*. De este disco se desprendieron siete exitosos sencillos, de los cuales cinco de ellos ("I Just Can't Stop Loving You", "Bad", "The Way You Make Me Feel", "Man in the Mirror" y "Dirty Diana") alcanzaron el primer puesto del *Billboard* Hot 100.[51] Desde su publicación, y hasta 2008, *Bad* vendió más de treinta millones de copias en todo el mundo.[52]

El 11 de septiembre de 1987 comenzó el Bad World Tour, gira que culminó el 14 de enero de 1989.[53] Jackson ingresó al Libro Guinness de los Records cuando llenó por completo siete veces el estadio de Wembley, congregando a más de medio millón de espectadores. La gira constó de 123 conciertos y obtuvo una recaudación de 125 millones de dólares, parte de la cual donó a hospitales, orfanatos y a entidades de beneficencia.[53]

Autobiografía, cambio de apariencia y Neverland (1988-1990)

Jackson cantando en 1988.

En 1988, publicó su primera autobiografía, titulada *Moonwalk*, la cual vendió doscientos mil ejemplares[54] y llegó a ser una de los libros más vendidos de ese año según el periódico *The New York Times*.[55] En él reconoció haberse sometido a una rinoplastia y a una mentoplastia, y desmintió los rumores que indicaban que se había realizado otro tipo de cirugías faciales.[56]

También en ese año, se presentó la película *Moonwalker*, que contiene los videos musicales que acompañaron el lanzamiento de sus sencillos "Bad", "Smooth Criminal", "Speed Demon" y "Leave Me Alone". Este VHS llegó a la cima de la lista *Billboard* Top Music Video Cassette, que agrupaba los videos más vendidos, permaneciendo allí durante veintidós semanas consecutivas.[57]

En marzo de 1988, compró una finca en Santa Ynez, California, por diecisiete millones de dólares para construir allí su rancho Neverland. En esta propiedad hizo que se construyera un parque de atracciones, un zoológico y un cine. Además, contrató a cuarenta personas para que se ocupasen de la seguridad del lugar. En 2003 Neverland se valoró en cien millones de dólares.[58]

[59] En 1989, gracias a las ventas de sus álbumes y sus conciertos, obtuvo ganancias estimadas en 125 millones de dólares, convirtiéndose así en uno de los artistas mejores pagados del mundo.[60] Gracias a la enorme popularidad que cosechó fue apodado «el rey del pop».[61] [62] [63] Este sobrenombre lo popularizó su amiga Elizabeth Taylor, cuando en una entrega de premios lo presentó como «el auténtico rey del pop, rock y soul».[64] El entonces presidente estadounidense George H. W. Bush lo nombró el «artista de la década».[65]

Más tarde, interpretó la canción "You Were There" en el festejo del cumpleaños número sesenta del comediante y cantante Sammy Davis, Jr., actuación que le valió una nominación al premio Emmy.[57]

Dangerous, la fundación Heal the World y Super Bowl XXVII (1991-1993)

En marzo de 1991, renovó su contrato con Sony por 65 millones de dólares.[59] En ese año publicó *Dangerous*, su octavo álbum de estudio. *Dangerous* vendió siete millones de copias en Estados Unidos y 32 millones de copias a nivel mundial.[66] [67] [68]

El primer sencillo del álbum fue "Black or White", el cual alcanzó el puesto número uno del *Billboard* Hot 100 y permaneció allí durante siete semanas consecutivas, con un éxito similar en otras partes del mundo.[69]

El segundo sencillo fue "Remember the Time", canción que se mantuvo durante ocho semanas entre los primeros cinco puestos del *Billboard* Hot 100, alcanzando como máxima posición el puesto número tres.[70] "Heal the World", el tercer sencillo de *Dangerous*, consiguió gran éxito en Europa, especialmente en el Reino Unido, donde vendió 450.000 copias y se mantuvo durante cinco semanas en el segundo puesto de las listas de éxitos en 1992.[70]

En 1992, el cantante creó la Heal the World Foundation para poder ayudar a través de ella a los niños más desamparados del mundo, víctimas de la violencia, la pobreza y las enfermedades terminales. El 27 de junio de 1992 comenzó el Dangerous World Tour, gira que finalizó el 11 de noviembre de 1993 y que congregó a tres millones y medio de personas. Todas las ganancias de la gira fueron donadas a la fundación Heal the World.[70] [71]

Una de las actuaciones más aclamadas del artista fue la que realizó en el Super Bowl XXVII. Cuando se presentó en el escenario, lo hizo vestido con una chaqueta militar de color dorada y unos lentes oscuros, y permaneció casi inmóvil durante varios minutos ante la ovación del público presente. Después se quitó lentamente las gafas, para luego comenzar a cantar y bailar. En este espectáculo interpretó las canciones "Jam", "Billie Jean", "Black or White" y "Heal the World". Este segmento fue seguido en vivo por más de 135 millones de espectadores sólo en Estados Unidos.[41]

En la entrega de los Grammy de 1993, Michael Jackson recibió el premio Living Legend por su contribución a la música. Por su sencillo "Black or White" fue nominado como mejor vocalista de pop, mientras que por "Jam" fue nominado como mejor vocalista de R&B y mejor canción de R&B.[70]

Primera acusación de abusos y primer matrimonio (1993-1994)

En febrero de 1993, el músico accedió a ser entrevistado por Oprah Winfrey, en el que fue su primer reportaje desde 1979. Allí habló acerca de su infancia, su adolescencia, la relación con sus padres y hermanos y su carrera profesional. También desmintió los rumores que señalaban que quería comprar los huesos del Hombre elefante,[72] que dormía en una cámara de oxígeno[72] y que realizaba un tratamiento para blanquear su piel,[72] ya que por primera vez reconoció tener vitíligo, la causante del cambio en su cutis.

Esta entrevista tuvo una repercusión mundial y en Estados Unidos fue seguida en directo por 90 millones de televidentes, convirtiéndose así en uno de los programas especiales más vistos de la historia de la televisión de ese país. *Dangerous* reingresó a las listas estadounidenses alcanzando los diez primeros puestos, dos años después de su publicación.[41] [70] [73]

Vista aérea del rancho Neverland donde según Chandler se produjeron los hechos.

En el verano de 1993, el cantante fue acusado de haber abusado sexualmente de Jordan Chandler, uno de los muchos niños que solía acoger en su mansión de Neverland, por parte del niño y de su padre, Evan Chandler.[74]

Jordan, quien entonces tenía trece años de edad, lo acusó de haberlo besado, masturbado y de haberlo sometido a sexo oral; el consiguiente escándalo repercutió gravemente en el estado de ánimo y la imagen pública del cantante, y por tanto en su carrera.[75]

Michael Jackson 14

Por petición de la justicia, su rancho de Neverland fue inspeccionado y varios niños y familias acusaron al cantante de ser un pedófilo.[75] Su hermana mayor, La Toya, también lo llamó pedófilo, aunque tiempo después se retractó de lo dicho.[76]

En su mansión, Michael Jackson debió someterse a una revisión médica para poder corroborar las descripciones que Jordan había hecho de los genitales del artista.[76] A pesar de que se hallaron ciertas similitudes en las descripciones hechas por el acusador, esto no fue suficiente para que Jackson fuera declarado culpable.[76] Pese a toda la repercusión mediática del caso, Jackson siguió sosteniendo su inocencia.[74]

En estos años, algunos diarios y revistas comenzaron a realizar duras críticas al reciente acusado.[77] Para evitar llegar a juicio, el cantante llegó a un acuerdo extrajudicial con la familia de Jordan,[78] pagándole veintidós millones de dólares para que los cargos fuesen retirados.[79]

El 30 de junio de 2009, cinco días después de su muerte y dieciséis años después de los supuestos sucesos delictivos, Jordan Chandler —el niño implicado, ya adulto— declaró públicamente que el cantante nunca lo había tocado y que había mentido obligado por su padre para salir de la pobreza con el dinero que la compañía aseguradora de la gira de *Dangerous* entregó mediante el acuerdo extrajudicial a la familia del niño para evitar el juicio.[80] [81]

Lisa Marie Presley fue la primera esposa de Jackson.

En mayo de 1994, Jackson se casó con la cantautora Lisa Marie Presley, hija de Elvis Presley. La pareja se había conocido en 1975, cuando Michael y su familia residían en el MGM Grand Hotel and Casino, donde la agrupación The Jackson Five realizaba conciertos, y a comienzos de 1993 retomaron su relación.[77]

Jackson y Presley contrajeron matrimonio en República Dominicana y lo mantuvieron en secreto durante dos meses.[82] Algunos periódicos y revistas especularon con que la boda de ambos cantantes era sólo una estrategia publicitaria.[82] La pareja terminó por divorciarse dos años después en buenos términos.[83]

HIStory (1995-1997)

Una de las estatuas presentadas en Europa para promocionar el álbum recopilatorio HIStory.

En 1995 publicó el álbum doble *HIStory: Past, Present and Future, Book I*. El primer disco, *HIStory Begins*, contenía los temas más exitosos de su carrera y luego fue reeditado con el nombre de *Greatest Hits: HIStory, Volume I*, en 2001; mientras que el segundo compacto, *HIStory Continues*, contenía quince nuevas canciones. Esta producción llegó al puesto número uno del *Billboard* 200.[84] *HIStory: Past, Present and Future - Book I* fue nominado al Grammy como mejor álbum.[85] Vendió más de veinte millones de copias en todo el mundo y se convirtió así en el disco doble más vendido de todos los tiempos.[69] [86]

El primer sencillo del disco, "Scream", grabado a dúo con su hermana Janet, alcanzó la posición número cinco del *Billboard* Hot 100 y fue nominado al Grammy como mejor colaboración pop.[85] El segundo sencillo fue "You Are Not Alone", el cual ingresó al Libro Guinness de los Récords como la primera canción que debutó en el primer puesto de la lista *Billboard* Hot 100.[60]

Este tema tuvo un gran éxito comercial y de crítica, recibiendo una nominación al Grammy como mejor actuación vocal pop.[85] A finales de 1995, Jackson fue hospitalizado debido a que sufrió un ataque de pánico durante un ensayo.[87]
El tercer sencillo de *HIStory* fue "Earth Song", el cual consiguió gran éxito en el Reino Unido donde permaneció durante seis semanas en la cima de las listas de popularidad.[85]
En septiembre de 1996 se embarcó en el HIStory World Tour, gira que culminó en octubre de 1997. En este tour, realizó 82 conciertos y visitó 58 ciudades, congregando a más de cuatro millones de personas y recaudando unos 85 millones de dólares.[53]

Segundo matrimonio y paternidad (1996-1999)

Jackson durante el Festival de Cannes en 1997.

En noviembre de 1996, cuando su gira HIStory World Tour pasaba por Australia, Jackson sorprendió nuevamente a la opinión pública al contraer matrimonio con una enfermera de su dermatólogo habitual: Debbie Rowe a quien conocía desde la década anterior. Debbie daría a luz a los dos primeros hijos del cantante. Michael Joseph Jr (conocido también como Prince) y Paris-Michael Katherine.[83] [88] La pareja se divorció en 1999 pero permanecieron como amigos y Rowe le otorgó la custodia de ambos niños al cantante.[89]

En 1997, lanzó *Blood on the Dance Floor: HIStory in the Mix*, un álbum compuesto por cinco canciones nuevas y ocho remezclas procedentes del disco *HIStory*. Mundialmente vendió seis millones de copias y se convirtió en el álbum de remezclas más vendido de la historia. El disco, al igual que el sencillo del mismo nombre, llegó al número uno de las listas británicas.[90] [91] En los Estados Unidos, *Blood on the Dance Floor* fue certificado disco de platino por la RIAA y alcanzó el puesto 24 del *Billboard* 200.[66] [85] En ese momento, la revista *Forbes* publicó un artículo en el que calculaba sus ingresos de 1996 y 1997 en 35 y 20 millones de dólares, respectivamente.[59]

En junio de 1999, Jackson participó en varios eventos caritativos. Participó en un concierto benéfico organizado por Luciano Pavarotti en Modena, Italia, cuya recaudación fue destinada para ayudar a los refugiados de Yugoslavia y a los niños más necesitados de Guatemala.[92] A finales de ese mes realizó dos conciertos benéficos titulados "Michael Jackson & Friends" en Alemania y Corea.

Entre los artistas que participaron de estos espectáculos se hallan Slash, Scorpions, Boyz II Men, Luther Vandross, Mariah Carey, A. R. Rahman, Prabhu Deva Sundaram, Shobana Chandrakumar, Andrea Bocelli y Luciano Pavarotti.[93] [94] La recaudación fue donada a Cruz Roja y la UNESCO.[94]

Disputa con Sony, *Invincible* y tercer hijo (2000-2003)

En octubre de 2001 publicó el álbum *Invincible*, su primer trabajo discográfico en estudio en seis años. Antes del lanzamiento de este disco, en el año 2000, había ocurrido una disputa entre el cantante y su compañía discográfica: Jackson estaba a la espera del vencimiento del contrato que daba derecho a la distribución de su material a Sony para no depender de la discográfica y hacerse cargo personalmente de promover el material como quisiese y de los beneficios que traería en consecuencia, lo que vendría a ocurrir a comienzos de los años 2000. Sin embargo, debido a diversas cláusulas en el contrato, la fecha de revertir resultó ser de muchos años de distancia.

Al tiempo que esto ocurría, Jackson se percató que el abogado que lo representó en el caso, era asimismo el representante de Sony,[91] lo
que a su parecer significaba que no tenía un abogado parcial. Sumado a esto, el músico estaba preocupado por el hecho de que su discográfica estaba presionándolo para comprar parte de sus derechos de autor.[95] El cantante buscó una salida anticipada a su contrato:[91] Justo antes de la publicación del álbum, anunció al presidente de Sony, Tommy Mottola que iba a dejar la discográfica. En consecuencia, a los dos meses de su publicación, la promoción de los sencillos, vídeos musicales y todo lo relacionado con el álbum fue cancelado.[95]

En septiembre de 2001, el cantante realizó un concierto en el Madison Square Garden para celebrar su trigésimo aniversario como solista, pocos días antes de los ataques del 11 de septiembre, en ésta ocasión apareció por primera vez desde 1984 junto a sus hermanos.[96]

El recital también contó con la participación de otros intérpretes como Mýa, Usher, Whitney Houston, 'N Sync, Destiny's Child, Monica, Luther Vandross y Slash, entre muchos otros.[97]
En octubre de ese mismo año, Jackson completó su trabajo en el nuevo sencillo para fines benéficos, titulado "What More Can I Give", una respuesta a los actos terroristas del 11 de septiembre.
Al igual que había hecho años atrás con "We are the world", grabó la canción con la participación de varios artistas y con las expectativas de alcanzar una recaudación de cincuenta millones de dólares para las familias de las víctimas de los ataques; sin embargo, el sencillo no salió a la venta, debido al futuro abandono de Sony por parte del cantante.

Michael Jackson 18

En la grabación, de la que también hubo una versión en español, participaron entre otros Mariah Carey, Céline Dion, Tom Petty, Reba McEntire, Ricky Martin, Carlos Santana, Beyoncé Knowles (Destiny's Child), Nick Carter (Backstreet Boys), Aaron Carter, Mya, Luis Miguel, Gloria Estefan, Shawn Stockman (Boyz II Men), Shakira, Usher, Brian McKnight, Julio Iglesias, Luther Vandross, John Secada, Billy Gilmar, Alejandro Sanz, Christian Castro, Olga Tañón, Anastacia, Juan Gabriel, Thalía, Ziggy Marley y 3LW.

Invincible debutó en la cima de las listas de éxitos de trece países y vendió aproximadamente trece millones de copias en todo el mundo. En los Estados Unidos fue certificado con "doble platino".[66] [69] [98]

Sin embargo, el disco fue lanzado en un mal momento para la industria musical en general,[95] y de igual modo las ventas de *Invincible* fueron inferiores a las de sus anteriores trabajos y el artista se vio envuelto en una serie de conflictos con su casa de discos, Sony, ya que decidió suspender la promoción del disco a los dos meses de su publicación.[95]

De esta producción se desprendieron tres sencillos: "You Rock My World", cuyo vídeo musical contó con la presencia del actor Marlon Brando y del cómico Chris Tucker, "Cry" y "Butterflies". Jackson acusó al entonces presidente de Sony Music, Tommy Mottola, de racista y mafioso, porque no «quería apoyar a los artistas afro-americanos»,[95] usando como argumento el hecho de que Tommy Mottola había llamado «negro gordo» a su colega Irv Gotti.[99] Sony decidió no renovar el contrato de Michael y además reclamó los veinticinco millones de dólares perdidos en la promoción del disco, porque el cantante se había negado a realizar una gira de conciertos en Estados Unidos prevista para 2002.[100]

En 2002 nació el tercer hijo de Jackson, Prince Michael Jackson II.[101] Según el cantante, el niño fue concebido mediante inseminación artificial, utilizando su esperma y un vientre de alquiler.[89]

En noviembre de ese año el artista volvió a ser noticia cuando mostró a su hijo recién nacido a través del balcón del Hotel Adlon, en Berlín, cubriéndolo totalmente con una manta, actitud que resultó ser muy criticada en los medios de comunicación.
Después dijo a la prensa que este episodio fue un terrible error de su parte y pidió perdón por lo acontecido.[102]

Sony, todavía con los derechos de la distribución de material del cantante, publicó un álbum recopilatorio titulado *Number Ones*, en formato de CD y DVD. El mismo fue certificado como "disco de platino" en Estados Unidos, mientras que en el Reino Unido vendió más de un millón de copias.[66] [103]

Segunda acusación de abusos (2003-2005)

Fans de Jackson apoyándolo en el año 2004.

En 2003, accedió a brindar una serie de entrevistas al periodista Martin Bashir, que luego fueron recopiladas en un documental titulado *Living with Michael Jackson*. En uno de estos reportajes, el cantante apareció de la mano de un adolescente de trece años llamado Gavin Arvizo, uno de los tantos niños enfermos que visitaban con frecuencia su mansión, quien dijo que solía quedarse a dormir en la habitación del cantante sin que a él le molestara. Esto despertó una gran polémica y más tarde, este joven lo acusó de haber sido emborrachado y violado por él.[104]

Jackson negó esta acusación, y otras que se sumaron a ella, con el argumento de que esas actitudes no formaban parte de su naturaleza.[104]
El juicio se inició el 31 de enero de 2005 en Santa María, California, y finalizó en el mes de mayo. El 13 de junio del mismo año fue declarado inocente de todos los cargos.[105] [106] [107] Después del veredicto, el artista se trasladó temporalmente al Golfo Pérsico invitado por Sheikh Abdullah.[108]

A esta realidad, salieron dos documentales: *The Michael Jackson Interview: The Footage You Were Never Meant to See* en 2003 y *True Crime with Aphrodite Jones* en 2010, ambos a favor del artista y de su declaración de inocencia.

Últimos años (2006-2009)

En marzo de 2006, las autoridades estadounidenses ordenaron el cierre de su rancho Neverland. Oficialmente fue
debido a atrasos en el pago de salarios debido a problemas burocráticos ya solucionados, aunque también en este
caso se difundió la idea de que la policía buscaba pruebas de sus relaciones con menores.[109]

Michael Jackson junto a sus hijos en Disneyland Paris, 2006.

El 15 de noviembre del mismo año recibió el premio Diamante en los World Music Awards, en Londres, donde interpretó la canción "We are the World" junto a un coro de jóvenes.[69] Después participó en el homenaje y funeral público de James Brown, en Estados Unidos, celebrado el 30 de diciembre de 2006.[110]

A finales de ese año, el cantante accedió a compartir la custodia de sus dos primeros hijos con su ex esposa Debbie Rowe.[111] Después, él y Sony establecieron un acuerdo para comprar el derecho de varias canciones de artistas como Eminem, Shakira y Beck, entre otros.[112]

Con motivo del 25 aniversario de la publicación de *Thriller*, el disco más vendido de la historia, el 11 de febrero de 2008 Michael lanzó *Thriller 25*.[113] Contenía las nueve canciones del álbum original y seis temas inéditos: "The Girl Is Mine 2008" y "P.Y.T. (Pretty Young Thing) 2008" con Will.i.am, 'Wanna Be Startin' Somethin' 2008" con Akon, "Beat It 2008" con Fergie de Black Eyed Peas, "Billie Jean 2008", una remezcla realizada por Kanye West, y una balada llamada "For all time", no editada en la versión original del álbum y mezclada nuevamente y masterizada por él mismo.

El DVD adicional incluyó los videoclips de "Thriller", "Beat It" y "Billie Jean";
además de actuaciones en directo durante el especial *Motown 25: Yesterday, Today, Forever* de la NBC en 1983.[114] [115] [116] La nueva edición vendió en todo el mundo más de tres millones de copias.[117]

Como conmemoración de su 50° cumpleaños, publicó el álbum recopilatorio *King of Pop*, en países como Australia, Austria, Bélgica, Alemania, Hong Kong, Hungría, Japón, Países Bajos, Filipinas y el Reino Unido, para posteriormente ser publicado también en Argentina, Brasil, Chile, México, Finlandia, Francia, Grecia, Italia, Polonia, Rusia, España, Suecia, Tailandia y Turquía.[118] [119] Esta producción llegó a la cima de las listas de éxitos en todos los países donde fue lanzado.[120] [121]

El 5 de marzo de 2009, en un auditorio en Londres, ante 20.000 espectadores, Michael Jackson anunció su regreso a los escenarios con la gira *This Is It*. Inicialmente, contaría con diez conciertos a celebrarse en dicha ciudad en el O2 Arena en el mes de julio. Según lo que el mismo dijo, estos conciertos serían los últimos que daría en la capital inglesa. En ellos, según el promotor de la gira Randy Philips, el artista interpretaría canciones inéditas, ya que él había compuesto y grabado nuevas canciones, tal como se afirmó tras su muerte. La expectativa aumentó la demanda del público, por lo que se agregaron cuarenta presentaciones más de las establecidas en un comienzo.[122]

Muerte y memorial

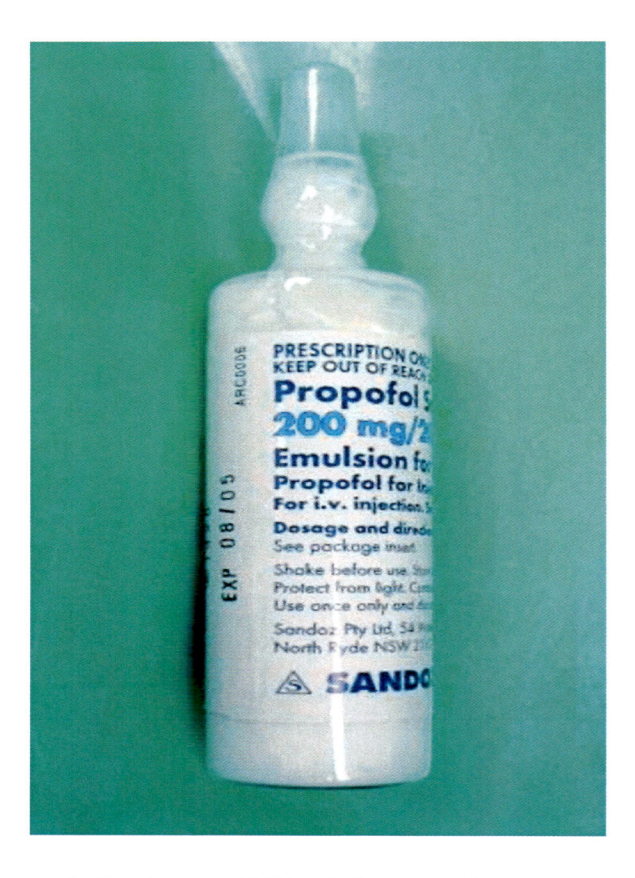

Una de las causas atribuidas a la muerte de Michael Jackson fue una intoxicación de propofol.

En la mañana del 25 de junio de 2009, el artista sufrió un paro cardiorrespiratorio en su mansión alquilada de Holmby Hills.[123] Los miembros del servicio llamaron al teléfono de emergencia 911 para solicitar auxilio a las 12:21 PDT (UTC-7).[124] [125] [126] Los paramédicos, quienes llegaron nueve minutos después, lo encontraron sin pulso ni respiración, por lo que le aplicaron reanimación cardiopulmonar y lo trasladaron al Ronald Reagan UCLA Medical Center, ubicado en Los Ángeles a la 1:14 pm. Pero a pesar de los esfuerzos de los médicos fue declarado muerto a las 2:26 pm.[127] [128]

Estrella de Jackson en el paseo de la fama de Hollywood pocas horas después de que se confirmó su muerte.

El primer informe oficial calificó su muerte como "provocada por la combinación de calmantes", en el que el principal sospechoso es Conrad Murray, [129] [130] el que según una carta de despedida temporal a sus pacientes en Las Vegas, por «una oportunidad de las que sólo se presenta una vez en la vida», los dejaba para acompañar a Michael Jackson a su serie de conciertos como médico personal, por el cual iba a recibir 150.000 dólares al mes.[131] Después de realizar su autopsia, los forenses del Instituto Forense de Los Ángeles aseguraron que la muerte de Jackson había sido provocada por una intoxicación de propofol, suministrado por Murray.[132] Finalmente el informe oficial calificó su muerte como «intoxicación aguda de propofol».[133]

Desde la muerte del cantante, las acusaciones a su médico Murray no han cesado.[134] El 8 de febrero de 2010, el tribunal acusó de «homicidio involuntario» a Murray, utilizando como prueba el informe oficial de su muerte[135] (que se dio a conocer en internet el mismo día del juicio).[133] El acusado, quien se declaró «no culpable»,[136] pagó una fianza de 75.000 dólares para no ingresar en prisión.[] Dos días más tarde, el médico siguió atendiendo pacientes,[137] aunque se le impuso la restricción de no realizar sedaciones.[138]

El juicio terminó fijándose para el 23 de agosto de ese año,[139] sin embargo se pospuso hasta el 4 de enero de 2011, ya que «aún hay temas pendientes, como la disponibilidad de testigos y la conclusión de la investigación policial abierta para esclarecer la muerte del cantante».[140]

Mientras tanto, su padre Joe Jackson acusó al médico dos días después (en el aniversario de muerte de su hijo) de que estaba bebiendo alcohol en un bar de striptease el día que Jackson murió,[134]

y también de irresponsabilidad con respecto a su estado de salud, puesto que tiene fuentes que indican que el artista tenía síntomas de anemia y pérdidas de memoria y apetito.[134] .
Por otro lado, la reciente demanda a AEG por parte de Katherine Jackson, [141] [142] argumenta que fue la compañía productora de los conciertos quien requirió los servicios de Murray, a principios de Mayo de 2009, para encargarse de la salud del cantante, empujándole a seguir prácticas poco ortodoxas para asegurarse de que el cantante asistiera a los ensayos y conciertos.

También acusa a AEG de realizar amenazas a Jackson si este no cumplía con los conciertos, al mismo tiempo de estar interesados en este incumplimiento, ya que saldrían beneficiados por las cláusulas del contrato.

Funeral

El memorial público se celebró el 7 de julio de 2009 en el Staples Center de la ciudad de Los Ángeles, antes de que se realizara un servicio memorial para familiares y allegados al artista. La ceremonia pública fue seguida en directo por más de 31,1 millones de personas alrededor de todo el mundo.[143] En el evento participaron los cantantes Stevie Wonder, Lionel Richie, Mariah Carey, John Mayer, Jennifer Hudson, Usher, Jermaine Jackson y Shaheen Jafargholi.

Berry Gordy y Smokey Robinson dieron un discurso, mientras que Queen Latifah leyó el poema "We had him", el cual fue escrito para la ocasión por Maya Angelou.[144]
Su funeral se celebró en privado el 3 de septiembre de 2009 en el Gran Mausoleo (Holly Terrace) situado en el cementerio Forest Lawn de Los Ángeles.[145]

Trabajos póstumos

Después de su muerte, Michael Jackson se convirtió en el artista que más vendió en 2009 en Estados Unidos, donde se vendieron más de 8,2 millones de álbumes, mientras que en el resto del mundo se vendieron más de 35 millones de álbumes en los doce meses posteriores a su muerte.
[146] [147]
Mientras tanto, la revista *Forbes* lo calificó en la lista anual de 2010 como la tercera de las celebridades fallecidas que ganan más dinero, con 90 millones de dólares.[148]
Puesto que la demanda del público respecto a Jackson era inmensa, Epic Records (de Sony Music Entertainment) publicó el 12 de octubre un sencillo inédito titulado "This Is It",[149] que fue acompañado el mismo mes por el lanzamiento de un nuevo álbum doble póstumo del artista el 26 de octubre, llamado, otra vez *This Is It*, que reúne los ensayos musicales para la gira homónima;[150] donde la primera parte contiene sus los ensayos de la gira[150] y la segunda contiene temas inéditos, incluido un poema redactado por Michael, llamado "Planet Earth".[151]

Añadido a eso, Kenny Ortega estrenó mundialmente la película llamada *Michael Jackson's This Is It* dos días después del estreno del álbum, el 28 de octubre de 2009. La cual, de igual modo, trata sobre últimos ensayos musicales para la gira homónima antes de su muerte, a través de una recopilación de vídeos que filmó el equipo técnico de la gira. El álbum y la película tuvieron conjuntamente una recaudación de más de 250 millones de dólares.[148]

Durante el auge de las ventas del artista, Sony que tenía intenciones de llegar a acuerdos para extender y continuar con el uso de su material generado, puesto que los derechos de la distribución de estos tenían que expirar en 2015.[152]

Sin embargo, el 16 de marzo de 2010 un movimiento encabezado por la Columbia/Epic Label Group (de Sony Music Entertainment) firmó el mayor contrato en la industria musical con los herederos del cantante por 250 millones de dólares por los derechos de explotación de diez proyectos musicales (entre ellos los ya publicados y algunos inéditos) por lo menos hasta 2017, que sería la fecha de lanzamiento del último álbum póstumo.[148]

El acuerdo, como dijo Rob Stringer, presidente de Columbia/Epic Label Group: «No es sólo un acuerdo musical basado en cuántas copias de CD se venden o sobre cuántas canciones se descargan online», sino que «comprende también los derechos de audio para teatro, cine y videojuegos».[148]

Repercusión artística

Llegó a ser mundialmente conocido como el «rey del pop» y como el «rey del entretenimiento», [153] este último título sugerido por la popular presentadora de televisión Oprah Winfrey, durante la entrevista que ésta le hizo en febrero de 1993. Además, la Enciclopedia Británica lo incluye como notable estrella de rock, en su sección «*Rock music*»,[154] junto a Madonna y Prince.[154]

Influencias
Jackson fue un intérprete de música pop, en una amplia acepción que incluye subgéneros como el rhythm & blues, disco y dance. Según sus declaraciones, fue influenciado muchísimo por artistas contemporáneos tales como Little Richard, James Brown, Jackie Wilson, Diana Ross, David Ruffin, Gene Kelly, Fred Astaire, Sammy Davis, Jr., y los Bee Gees.[155] También manifestó sentir gran admiración por intérpretes del music hall inglés, como Benny Hill y Charles Chaplin. [155]

Videos musicales y coreografías
Steve Huey, de Allmusic, aseguró que el personaje transformó la manera de realizar vídeos musicales, ya que éstos poseen una trama argumental, rutinas de baile, efectos especiales y apariciones a modo de cameo de personajes famosos.[156]

Chaqueta de Michael Jackson usada para el video musical de "Bad".

Del álbum *Thriller* destacan los vídeos del tema "Beat It" y, por supuesto, el de la canción homónima "Thriller", precursor de los vídeos musicales actuales y reconocido tanto por la innovación del argumento, escrito por él y John Landis, como por sus revolucionarios pasos de baile, coreografiados por sí mismo y Michael Peters, así como por la ambientación vanguardista y la caracterización de maquillajes.[157]

Representación de Michael Jackson en el vídeo musical de *Thriller*.

El vídeo musical del sencillo "Bad" tuvo una duración de 19 minutos y fue dirigido por el cineasta Martin Scorsese. En el vídeo se combinaron movimientos de baile coreografiados con otros más espontáneos. A partir de esta producción, comenzó a tocarse el pecho, el torso y la entrepierna al mismo tiempo que bailaba, algo que continuó haciendo en sus siguientes trabajos. Allí también incluyó la primera aparición de un famoso a modo de cameo en un video suyo, Wesley Snipes.[48] [158] Para "Smooth Criminal" utilizó la ilusión de "anti-gravedad" durante la coreografía; este paso coreográfico fue creado por Michael Bush, Dennis Tompkins y el propio Jackson. Aunque el video de "Leave Me Alone" no fue lanzado oficialmente en los Estados Unidos, en 1990 logró ganar el premio Grammy al mejor video musical de corta duración.[57]

La canción "Black or White" fue acompañada por un polémico vídeo musical, emitido por primera vez el 14 de noviembre de 1991 en 27 países simultáneamente, y seguido alrededor del mundo por más de 500 millones de espectadores.[69] En un momento del vídeo, el artista se transformó a partir de una pantera y ejecutó bailes explícitamente sexuales mientras destruía marcas de índole racista.[159] "Black or white" sorprendió por una nueva técnica digital llamada *morphing*, nunca vista antes en un vídeo musical pop.[159]

"Remember the Time" fue ambientado en el antiguo Egipto e incluyó una rutina de baile con pasos pretendidamente de estilo egipcio. Este vídeo contó con la aparición de Eddie Murphy, la modelo Iman y Magic Johnson.[160] El vídeo de "In the Closet" contó con la participación de la supermodelo Naomi Campbell, con quien el cantante realizó bailes explícitamente sexuales que causaron mucha controversia. Incluso, fue prohibida su difusión por estas imágenes en Sudáfrica. [161]

El vídeo musical para el sencillo "Scream" fue dirigido por Mark Romanek. Se desarrolló en un entorno futurista y en el que compartió pantalla con su hermana Janet. Tuvo una gran aceptación de la crítica. En 1995, fue nominado para once MTV Video Music Awards —más que cualquier otro— consiguiendo los premios de las categorías de mejor video bailable, mejor coreografía y mejor dirección artística. Un año después, ganó el premio Grammy al mejor vídeo musical de corta duración y más tarde ingresó al Libro Guinness de los Récords por ser uno de los más costosos de la historia, con un presupuesto estimado en 7 millones de dólares.[85] [162]

El sencillo "Earth Song" fue acompañado de un costoso videoclip y nominado al Grammy como mejor video musical de corta duración en 1997. En él se reflejó la crueldad a la que son sometidos algunos animales en peligro de extinción, la deforestación que acaba con centenares de árboles, la contaminación del medio ambiente provocada por las fábricas y las consecuencias que provocan los enfrentamientos bélicos en distintas partes del mundo.[85]

El video del tema "Ghosts", del álbum *Blood on the Dance Floor: HIStory in the Mix*, fue escrito por Jackson y Stephen King y dirigido por Stan Winston. Este trabajo fue reconocido con muy buenas críticas en el festival de Cannes, donde se estrenó en 1996. Tuvo una duración de más de 38 minutos y por ello ingresó al Libro Guinness de los Récords como el vídeo musical de mayor duración.[85] [91] [163] [164]

Características artísticas

A la hora de bailar, Jackson usaba un guante blanco.

Bailarín

Michael Jackson es popularmente conocido por haber sido un dotado bailarín,[165] así como por sus innovadoras coreografías: tal sería el caso del llamado `moonwalk` (en español, `paso lunar`), uno de sus pasos más conocidos; de origen dudoso, fue popularizado por él cuando el 25 de marzo de 1983 lo puso en escena Motown 25: Yesterday, Today, Forever durante la interpretación de "Billie Jean".[166] [167]

Desde entonces el paso lo seguiría acompañando en su carrera y sus presentaciones, llegando al punto de ser reconocido como uno de sus pasos de baile más populares y uno de los más populares en el mundo del baile.[167]

Otra de sus coreografías famosas se dio a conocer en el vídeo musical `Thriller`, el cual se convirtió en un vídeo totalmente revolucionario, puesto que era el primer vídeo musical de horror;[168] esta particularidad, entre muchas cosas más, lo llevó a ser considerado el mejor vídeo musical de todos los tiempos.[169]

Michael Jackson 30

Fue considerado por Fred Astaire como el mejor bailarín del Siglo XX,[170] y recibió la admiración de leyendas del baile como James Brown y el citado Fred Astaire.[171]

Voz

- Timbre vocal: contratenor, tenor, barítono.[172]
- Nota más alta: B5.[172]
- Nota más baja: E2.[172]
- Rango vocal: 3,6 octavas (E2-B5, 44 notas a mediados de los años 1980 de acuerdo con Seth Riggs, su consultor vocal. En 1990 Riggs dijo que el rango de Michael se expandía hasta 4 octavas. Aparentemente, debido a la edad, el cantante adquirió la capacidad de hacer notas más bajas, sin perder las altas).[172]

A este respecto Frank Sinatra comentó:[173]

The only male singer who I've seen besides myself and who's better than me - that is Michael Jackson.
El único cantante masculino que he visto además de mí mismo, y quien es mejor que yo - Ese es Michael Jackson
Frank Sinatra

Como dato complementario, la publicación *Psychology Today Magazine* en su edición de julio/agosto de 2006, señaló que Michael Jackson poseía oído absoluto.[174]

Estética

Vestimenta de Michael Jackson usada en conciertos para canciones como "Billie Jean".

Otro factor que definió a Michael Jackson, tanto en su vida diaria como en sus conciertos y videoclips, es la extravagancia y originalidad de su indumentaria, creando un estilo propio que, al igual que su baile, lo hizo distinguirse. Uno de sus símbolos más representativos fue el guante blanco en una mano y los calcetines con lentejuelas brillantes, a la par con una chaqueta negra igualmente brillante. También fue conocido su gusto por los trajes militares, adornados con medallas e insignias y gafas oscuras.[175]

Asimismo, su estética, muchas veces considerada excéntrica y/o extravagante,[176] lo acompañó en su carrera musical desde la década de 1980, marcó su estilo, y de igual manera una tendencia en el mundo de la música y un impacto en el mundo de la moda.[176] Su apariencia ha sido catalogada también como uno de sus «legados»,[176] al punto de ser considerada tan importante como su «legado musical», puesto que parte de música ha estado ligada a su imagen.[176]

Muchos diseñadores de moda llegaron a la conclusión de que Michael Jackson poseía un «extraordinario sentido de la moda».[176]

Ocupaciones menos conocidas

Michael Jackson escribió dos libros: *Moonwalk*, autobiografía que relata su vida hasta 1988, y *Dancing the Dream*, un libro de poemas y reflexiones sobre diversos temas, como la vida, los niños, el mundo y los animales. Tuvo participación en la industria cinematográfica, puesto que actuó como protagonista en tres películas: *Capitán EO*, *El mago* y *Moonwalker*, además de prestar su voz para *The Way of the Unicorn*.[177]

Como guionista escribió el argumento de su película *Moonwalker*,[178] así como de muchos de sus videoclips, además de redactar el *storybook E. T., el extraterrestre*, por el que ganó un Grammy como *Mejor grabación para niños*.[25] Como productor participó en las películas *Moonwalker* y *The Way of the Unicorn*.[177]

Como dibujante, entre sus trabajos conocidos se destaca una colección de dibujos de Charles Chaplin, los cuales se vendieron en abril de 2007 en una subasta pública junto a otros objetos que fueron de su pertenencia.[179]

Como director de cine, fue el encargado del vídeo musical de su canción "Blood on the Dance Floor". Asimismo fue el director artístico de su gira mundial Dangerous World Tour.[180]

Legado e influencia

Estrella de Jackson en el Paseo de la Fama de Hollywood, reconocimiento que recibió en 1984.

Dentro del terreno musical, Beyoncé,[181] Mariah Carey,[182] Usher,[183] Chris Brown,[184] Britney Spears,[182] Madonna,[185] Justin Timberlake,[95] Ludacris,[186] 50 Cent,[187] Fall Out Boy,[188] Green Day,[189] John Mayer y[190] Lenny Kravitz,[191] entre otros, han reconocido la importancia de Jackson en la música pop contemporánea.[192]

Después de su muerte, MTV volvió a emitir sus videos musicales para rendirle homenaje.[193] Esta señal de cable además puso al aire nuevos programas especiales dedicados al cantante, en los que también aparecieron hablando de él varias celebridades y personalidades del ambiente musical. La emisión de estos especiales y videoclips se llevó a cabo hasta la semana en la que se realizó el funeral de Jackson.[194] Décadas atrás, el vídeo musical *Thriller* hizo de algún modo que MTV, en sus primeros años, se hiciese popular entre los jóvenes.[195]

Premios y honores

En 1984 Michael Jackson recibió una estrella en el Paseo de la Fama de Hollywood. Durante su carrera recibió numerosos premios y honores, entre los que se hallan el World Music Awards al artista pop más exitoso del milenio, el premio AMA al artista de la década y el premio Bambi al artista del milenio.[196] [197] Fue incluido dos veces en el Rock and Roll Hall of Fame: en 1997 por el trabajo que realizó como miembro de la banda The Jackson 5 y en 2001 por los logros que tuvo como solista. Jackson también fue incluido en el Salón de la Fama de los Compositores en 2002,[97] y más tarde en el Apollo Legends Hall of Fame en 2010.[198]

Michael Jackson 33

Además, ganó trece premios Grammy (sin contar el *Living Legend* de 1993 y el póstumo *Lifetime Achivement* de 2010) y veintiséis premios AMA, trece de sus sencillos llegaron al primer puesto de *Billboard* Hot 100 y ha vendido mundialmente alrededor de 750 millones de álbumes, lo cual lo convirtió en uno de los artistas más exitosos de todos los tiempos. [25] [60] [199] [200] [201] [202] [203]

Esfuerzos humanitarios

Lionel Ritchie inició en 1985 el proyecto *USA for Africa*, para beneficiar al gentilicio etíope.

Rancho Neverland, hogar de Michael Jackson en el cual acogía a niños con diversos tipos de problemas.

Michael Jackson dedicó gran parte de sus esfuerzos y recursos económicos a la ayuda humanitaria, y fue reconocido mundialmente por las donaciones millonarias: donó 300 millones de dólares a causas benéficas.[204]

En 1984, durante el rodaje de un anuncio publicitario para Pepsi, Jackson sufrió quemaduras de tercer grado en el cuero cabelludo y otras partes de su cuerpo.[20] Como compensación, la compañía le pagó un millón y medio de dólares que el artista donó al hospital al que él había asistido en su recuperación.[34]

Uno de sus mayores esfuerzos humanitarios y uno de los más conocidos fue en 1985 cuando él, junto a Lionel Richie, organizó el megaproyecto USA for Africa donde reunieron 46 artistas para grabar el sencillo "We Are the World" ;[205] el proyecto recaudó 10,8 millones de dólares,[206] los cuales fueron donados a Etiopía, que padecía una hambruna a mediados de los años 1980.[207]

En 1992 fundó la organización benéfica Heal the World Foundation, dedicada a ayudar a niños de todo el mundo,[208] proyecto que puso en práctica hasta que la organización suspendió por un tiempo sus donaciones a instituciones benéficas, debido a que su licencia como organización exenta de impuestos fue revocada en California desde el 2002 por no presentar sus declaraciones financieras anuales, según registros del estado.[209] Su organización Heal L.A., destinada a ayudar a los niños de los barrios pobres de Los Ángeles tras los motines de la años 1990, perdió su licencia en el 2001 y su fundación *Neverland Zoo* para conservar especies animales en peligro fue disuelta en 1998.[209]

Su rancho Neverland fue abierto en múltiples ocasiones para que niños con enfermedades terminales y de orfanatos pudieran acudir gratuitamente.

El 11 de septiembre de 2001, tras los ataques terroristas a las Torres Gemelas de Nueva York, decidió crear un proyecto llamado `United We Stand: What More Can I Give`, reuniendo a numerosos artistas para la grabación del tema benéfico "What More Can I Give", que esperaría recaudar 50 millones de dólares para las víctimas del atentado; el tema fue compuesto por él mismo y contó con una versión en español("Todo para ti"),[210] pero el proyecto se canceló debido a que Sony se rehusó a renovar su contrato.[210]
En la edición del año 2000 del Guinness World Records entró como artista con la mayor participación en ayudas humanitarias, por ayudar a 39 instituciones de la causa ya nombrada.[6]

Después de su muerte, tuvo un intento de nominación para el Premio Nobel de la Paz 2010 tras la recolección de más de 15.000 firmas en Internet,[211] [212] pero el Comité del Premio Nobel lo descartó por tratarse de una persona fallecida,[213] a pesar de que no sería la primera vez que se entrega un Premio Nobel póstumo, ya que se hizo con Dag Hammarskjöld en 1961.[213]

Vida personal
Michael Jackson en diferentes épocas

1984

Michael Jackson 37

1988

Michael Jackson 38

1997

Michael Jackson 39

2003

Durante toda su vida, Michael Jackson fue cambiando completamente sus rasgos faciales. Michael Jackson se casó en dos ocasiones, la primera vez con Lisa Marie Presley, hija de Elvis Presley, y la segunda con la enfermera Deborah Rowe, madre de dos de sus hijos, Prince Michael y Paris. El cantante tiene un tercer hijo, Prince Michael II, que fue, según sus propias palabras, engendrado a partir de su esperma en una madre de alquiler.[214]

Personaje mediático

Su vida privada fue el centro permanente de la prensa debido a sus excéntricas preferencias personales, sus extravagantes gastos y gustos y la serie de cirugías estéticas a su rostro (las cuales según él fueron tres: una para colocarse un hoyuelo y otras dos a su nariz;[215] más tarde se sometió a otras tres a su nariz y en 1991 se tatuó el color de su labios para conservarlos siempre rojos)[216] que lo transformaron completamente, persiguiendo un ideal imaginario; a tal punto llegó en este afán que los médicos declararon en un momento que ya no se le podían hacer más transformaciones faciales sin riesgos. Por supuesto, el cambio de color de su piel de color a blanca producto del vitíligo, una enfermedad degenerativa que produce la despigmentación de la piel, atrajo masivamente la atención de la prensa y el público en general.[215]

Pese a esta declaración, a través de los medios de comunicación se extendió la idea de que dicho cambio se debió también a la cirugía, aunque esto nunca pudo comprobarse. También fueron fuente de noticia sus matrimonios y las varias ocasiones en que se vio implicado en pleitos judiciales, la mayoría de ellos de carácter profesional, aunque el que más repercusión tuvo, a nivel mundial, fue al verse acusado de pedofilia.
El artista contó entre sus amigos más cercanos a Elizabeth Taylor y Macaulay Culkin y estuvo ligado sentimentalmente con Tatum O'Neal, Brooke Shields y Lisa Marie Presley, hija de Elvis Presley. Todas estas personalidades compartieron con él la particularidad de haber conocido la popularidad a muy corta edad, lo que según ellos mismos contribuyó a formar una relación particular.

Vitíligo

Michael Jackson sufrió de una enfermedad cutánea llamada vitíligo, cosa que después afirmó su médico y amigo, Deepak Chopra. Éste declaró, además, que Jackson padecía de lupus.[217]
El artista fue diagnosticado de vitíligo en 1986.[218] Ante los rumores y acusaciones de que había decidido despigmentarse las partes de su piel no afectadas por el vitíligo con uso de cremas blanqueantes,[218] en febrero de 1993 en una entrevista con Oprah Winfrey, contestó que desconocía la existencia de cremas blanqueantes de piel y que disimulaba su apariencia con maquillaje en zonas coloradas.[215]

Durante toda su carrera fue criticado mucho por su cambio de apariencia.[218] Sus maquilladoras, Sandi Hammons y Karen Faye desmintieron la idea de que Michael no quisiera ser «negro», argumentando la primera que «estaba por todo su cuerpo» y «tenía que llevar maquillada cada pulgada de su cuerpo».[219] [218] Sin embargo, amigos suyos como Quincy Jones, muchas veces su productor, declaró que tenía una «obsesión ridícula» acerca de su aspecto, y que «definitivamente no quería ser negro».[218] Aunque en la entrevista citada, él aseguró: «Soy un americano negro. Estoy orgulloso de mi raza. Estoy orgulloso de ser quien soy.»[215]

En su entrevista con Oprah Winfrey, afirmó que el vitíligo era genético, pues su abuelo también la tenía.[215] Después de su muerte, La Toya Jackson, hermana de Michael, declaró que su hijo mayor, Prince Michael padece también la enfermedad que afectó a su padre: vitíligo.[220]

Familia
Padres
• Joseph Walter Jackson (1929).
• Katherine Esther Jackson (1930).
Hermanos
1. Rebbie (Maureen Reilette) Jackson (1950).
2. Jackie (Sigmund Esco) Jackson (1951).
3. Tito (Toriano Adaryll) Jackson (1953).
4. Jermaine Lajaun Jackson (1954).
5. La Toya Yvonne Jackson (1956).
Michael Jackson 23
6. Marlon David Jackson (1957).
7. Brandon Jackson (1957; gemelo de Marlon, falleció a las pocas horas después de su nacimiento).[221]
8. Randy (Steven Randall) Jackson (1961).
9. Janet Damita Jo Jackson (1966).
10. Joh'Vonnie Jackson (1974; nacida por adulterio de parte del padre).[222]
Hijos
1. Prince Michael Joseph Jackson (1997).
2. Paris Michael Katherine Jackson (1998).
3. Prince Michael II "Blanket" Jackson (2002).

Discografía
Véase también: Anexo:Material inédito de Michael Jackson
• *Got to Be There* (1971)
• *Ben* (1972)
• *Music and Me* (1973)
• *Forever, Michael* (1975)
• *Off the Wall* (1979)
• *Thriller* (1982)
• *Bad* (1987)
• *Dangerous* (1991)
• *HIStory: Past, Present and Future, Book I* (1995)
• *Blood on the Dance Floor: HIStory in the Mix* (1997)
• *Invincible* (2001)
• *Michael* (2010)

Filmografía
Año Película Rol Director Ref.
1978 *El mago* Espantapájaros Sidney Lumet [223]
1986 *Captain EO* Capitán EO Francis Ford Coppola [224]
1988 *Moonwalker* Él mismo Jerry Kramer [225]
1997 *Michael Jackson's Ghosts* Varios Stan Winston [226]
2002 *Men in Black II* Agente M (cameo) Barry Sonnenfeld [227]
2004 *Miss Cast Away and the Island Girls* Agente MJ (cameo) Bryan Michael Stoller [228]
2009 *Michael Jackson's This Is It* Él mismo Kenny Ortega [229]

Giras
- Bad World Tour (1987–89)
- Dangerous World Tour (1992–93)
- HIStory World Tour (1996–97)
- This Is It (2009–2010) (cancelado)

Referencias
[1] http://www.michaeljackson.com
[2] « Michael Jackson: 100 facts about the king of pop (http://www.telegraph.co.uk/culture/music/michael-jackson/5649814/
Michael-Jackson-100-facts-about-the-king-of-pop.html)» (en inglés) (26 de junio de 2009). Consultado el 11 de septiembre de 2010.
[3] « Jackson was star the world could not ignore (http://edition.cnn.com/2009/SHOWBIZ/Music/06/25/michael.jackson.world/index.
html)» (en inglés) (26 de junio de 2009). Consultado el 11 de septiembre de 2010.
[4] « Michael Jackson era un genio, cuya música reflejó la pasión de una era (http://www.que.es/gente/espectaculos/
200906261306-michael-jackson-era-genio-cuya.html)» (26 de junio de 2009). Consultado el 20 de julio de 2010.
[5] J. Péres de Albéniz (3 de julio de 2009). « Michael Jackson (http://www.elcultural.es/version_papel/
ESCENARIOS/25598/
Michael_Jackson)». Elcultural.es. Consultado el 20 de mayo de 2010.
[6] « Michael Jackson el el libro Guinness de los Récords 2000 por su ayuda humanitaria (http://www.lacortedelreydelpop.com/guiness.
htm)». Consultado el 20 de abril de 2010.
[7] « Michael Jackson y los abusos sexuales a niños: acusaciones de pedofilia que empañaron su imagen (http://www.lavozlibre.com/noticias/
ampliar/4312/michael-jackson-y-la-eterna-sospecha-de-pedofilia)» (26 de junio de 2009). Consultado el 20 de julio de 2010.
[8] Taraborrelli, p. 14
[9] George, p. 20
[10] « Los padres de Michael Jackson se divorcian (http://www.elmundo.es/america/2010/08/20/gentes/1282339870.html)» (20 de agosto
de 2010). Consultado el 3 de septiembre de 2010.
[11] « Tito Jackson: "Mi padre pegaba a mi hermano Michael" (http://www.lavozlibre.com/noticias/ampliar/5185/
tito-jackson-mi-padre-pegaba-a-mi-hermano-michael)» (17 de julio de 2009). Consultado el 3 de septiembre de 2010.
[12] Jackson, Katherine; Rich Wiseman (1990) *My Family, the Jacksons*. St. Martin's Paperbacks. ISBN 0312923503.
[13] « Los padres de Michael Jackson se divorcian (http://www.globovision.com/news.php?nid=158998)» (21 de agosto de 2010).
Consultado el 3 de septiembre de 2010.
[14] The Jackson 5 (http://www.rockhall.com/inductee/the-jackson-five), Rock and Roll Hall of Fame, 29 de mayo de 2007.
[15] George, p. 22
[16] Taraborrelli, pp. 138–144
[17] Rock and Roll Hall of Fame. « The Jackson Five (http://www.rockhall.com/inductee/the-jackson-five)» (en inglés). Consultado el 2009.
[18] Taraborrelli, pp. 163–169
[19] George, p. 23
[20] Taraborrelli, pp. 205–210
[21] George, pp. 37–38
[22] Virgin Media. « Michael Jackson: Off the Wall (http://www.virginmedia.com/music/classicalbums/michaeljackson-offthewall.php)»
(en ingles). Consultado el 2009.
[23] Taraborrelli, p. 188
[24] Taraborrelli, p. 191
[25] « GRAMMY AWARD WINNERS (http://www2.grammy.com/GRAMMY_Awards/Winners/Results.aspx?title=&winner=Michael+
Jackson&year=0&genreID=0&hp=1)» (en inglés). Consultado el 5 de mayo de 2010.
[26] « Thriller es el disco más vendido de la historia con casi 50 millones de copias (http://www.xornal.com/artigo/2009/06/26/gente/

thriller-disco-mas-vendido-historia-casi-millones-cop/ 2009062601551733711. html)» (23 de enero de 2010). Consultado el 20 de mayo de
2010.
[27] Lewis, p. 47
[28] Halstead, Craig; Cadman, Chris (2003) (en inglés). *Michael Jackson the Solo Years* (http:/ / books. google. com/ books?lr=&
id=yb_ghov9uEMC& dq="black+ or+ white"+ michael+ jackson& q="Beat+ It"+ "hard+ rock"). Authors On Line Ltd. p. 40. ISBN
0755200918. . Consultado el 9 de junio de 2009.
[29] Andersen, Christopher P. (1994) (en inglés). *Michael Jackson: unauthorized* (http:/ / books. google.
com/ books?q="Christopher+ P. +
Andersen"+ "1994"+ "Michael+ Jackson"+ "Beat+ It"+ "hard+ rock"& btnG=Search+ Books). Simon & Schuster. p. 105. ISBN 0671892398.
. Consultado el 10 de junio de 2009.
[30] Conelly, Christopher (28 de enero de 1983). « Análisis musical del álbum "Thriller" de 1982 (http:/ / www. rollingstone. com/ artists/
michaeljackson/ albums/ album/ 303823/ review/ 6067536/ thriller)» (en inglés). Rolling Stone. Consultado el 9 de junio de 2009.
[31] « Michael Jackson (http:/ / www. mtv. es/ musica/ artistas/ michael-jackson)». Consultado el 21 de julio de 2010.

Michael Jackson 25
[32] Taraborrelli, pp. 238–241
[33] Story, Louise (31 de diciembre de 2007). « Philip B. Dusenberry, 71, Adman, Dies (http:/ / www. nytimes. com/ 2007/ 12/ 31/ business/
media/ 31dusenberry. html)». *New York Times*. . Consultado el 17 de julio de 2009.
[34] Taraborrelli, pp. 279–287
[35] Taraborrelli, pp. 304–307
[36] Taraborrelli, pp. 315–320
[37] Taraborrelli, pp. 340–344
[38] Taraborrelli, pp. 333–337
[39] Michael Jackson sells Beatles songs to Sony (http:/ / query. nytimes. com/ gst/ fullpage.
html?res=9B01E7DD1439F93BA35752C1A963958260), The New York Times, 8 de noviembre de 1995.
[40] Bad Fortunes (http:/ / arts. guardian. co. uk/ features/ story/ 0,,1506781,00. html), The Guardian, 15 de junio de 2005.
[41] Campbell (1995), pp. 14–16
[42] Taraborrelli, pp. 434–436
[43] Surgeon: Michael Jackson A 'Nasal Cripple' (http:/ / abcnews. go. com/ Health/ Cosmetic/ story?id=131910& page=1), ABC News, 8 de
ferero de 2003.
[44] Jackson, pp. 229–230
[45] Taraborrelli, pp. 312–313
[46] Taraborrelli, p. 355–361
[47] *Music's misunderstood superstar* (http:/ / news. bbc. co. uk/ 1/ hi/ entertainment/ music/ 4584367. stm). BBC. 13 de junio de 2005. .
Consultado el 14 d ejulio de 2008.
[48] Taraborrelli, p. 370–373
[49] « Newswatch Magazine - The Man, His Weird Ways (http:/ / www. newswatchngr. com/ index. php?
option=com_content& task=view&
id=1080& Itemid=1)». Newswatchngr.com (5 de julio de 2009). Consultado el 24 de octubre de 2009.
[50] Cocks, Jay. The Badder They Come (http:/ / www. time. com/ time/ magazine/ article/ 0,9171,965452-2,00. html), *Time*, 14 de septiembre
de 1987.
[51] Leopold, Todd (2005). « Michael Jackson: A life in the spotlight (http:/ / edition. cnn. com/ 2005/ SHOWBIZ/ Music/ 01/ 30/ jackson. life/
)». CNN. Consultado el 5 de mayo de 2005.
[52] Savage, Mark. Michael Jackson: Highs and lows (http:/ / news. bbc. co. uk/ 2/ hi/ entertainment/ 7448908. stm), BBC, 29 d eagosto de 2008.
[53] Lewis, pp. 95–96
[54] « Remembering Michael (http:/ / www. boston. com/ ae/ celebrity/ articles/ 2009/ 06/ 27/
writer_stephen_davis_remembers_michael_jackson)». *The Boston Globe*. Consultado el 27 d ejunio de 2009..

[55] George, p. 42
[56] Jackson (2009), págs.227-229
[57] George, pp. 43–44
[58] « Michael Jackson: Biography (http://www.rollingstone.com/artists/michaeljackson/biography)» (en inglés). Rolling Stone. Consultado el 14 de febrero de 2008.
[59] Gunderson, Edna (19 de febrero de 2007). « For Jackson, scandal could spell financial ruin (http://www.usatoday.com/life/2003-11-24-jackson-finances_x.htm)». USA Today.
[60] « Jackson receives his World Records (http://uk.news.launch.yahoo.com/dyna/article.html?a=/14112006/344/jackson-receives-world-records.html&e=l_news_dm)». Yahoo! (14 de noviembre de 2006). Consultado el 16 de noviembre de 2006.
[61] Arar, Yardena (29 de febrero de 1984). «Michael Jackson coronated latest king of rock 'n' roll». *Boca Raton News*: p. 7A.
[62] Staff writer (27 de agosto de 1987). «Is the thrill gone for singer Michael Jackson?». *Sacramento Bee*: p. B3.
[63] Browne, David (29 de noviembre de 1991). «Michael Jackson's Black or White Blues». *Entertainment Weekly*.
[64] Campbell (1993) pp. 260–263
[65] « Remarks on the Upcoming Summit With President Mikhail Gorbachev of the Soviet Union (http://www.presidency.ucsb.edu/ws/index.php?pid=18331)». www.presidency.ucsb.edu (5 de abril de 1990).
[66] « Gold and Platinum (http://www.riaa.com/goldandplatinumdata.php?table=SEARCH_RESULTS&artist=Michael Jackson&formato=ALBUM&go=Search&perPage=100)». Recording Industry Association of America. Consultado el 12 de octubre de 2009.
[67] « Michael Jackson sulla sedia a rotelle (http://www.affaritaliani.it/entertainment/micheal-jackson110708.html)». Affari Italiani (11 de agosto de 2008). Consultado el 12 de octubre de 2009.
[68] Carter, Kelley L. (11 de agosto de 2008). « New jack swing (http://www.chicagotribune.com/features/arts/chi-5-things-0810aug10,0,1329158.story)». *Chicago Tribune*. . Consultado el 21 de agosto de 2008.
[69] « The return of the King of Pop (http://www.msnbc.msn.com/id/15529981/)». MSNBC (2 de noviembre de 2006). Consultado el 12 de octubre de 2009.
[70] Nelson George overview, 45-46.
[71] Harrington, Richard (5 de febrero de 1992). *Jackson to Tour Overseas*.
[72] « Michael Jackson Talks to Oprah - Sub. spanish parte 3 (http://www.youtube.com/watch?v=YRumsmovWME)». *Youtube*. Consultado el 30 de octubre de 2010.
[73] Lewis, 165-168.

Michael Jackson 26

[74] *1993: Michael Jackson accused of child abuse* (http://news.bbc.co.uk/onthisday/hi/dates/stories/august/24/newsid_2512000/2512077.stm). BBC. 8 de febrero de 2003. . Consultado el 13 de octubre de 2009.
[75] Taraborrelli, pp. 496–498
[76] Taraborrelli, pp. 534–540
[77] Taraborrelli, pp. 500–507
[78] Campbell (1995), pp. 47–50
[79] Taraborrelli, pp. 540–545
[80] « Case No. 1133603 (http://www.sbscpublicaccess.org/docs/ctdocs/032205mjmemospprtobj.pdf)» (en inglés) (22 de marzo de 2005). Consultado el 27 de octubre de 2010.
[81] « El niño que acusó a Michael Jackson de pederastia dice ahora que era mentira (http://www.20minutos.es/noticia/476567/)» (30 de junio de 2009). Consultado El 4 de mayo de 2010.
[82] *She's Out Of His Life* (http://www.cnn.com/US/9601/jacko_presley/). CNN. 18 de enero de 1996. . Consultado el 13 de octubre de 2009.
[83] Taraborrelli, pp. 580–581
[84] « Top 100 Albums (Page 2) (http://www.riaa.com/goldandplatinumdata.php?resultpage=2&table=tblTop100&action=)». Recording

Industry Association of America. Consultado el 16 de abril de 2008.
[85] George, pp. 48–50
[86] Putti, Laura (24 de agosto de 2001). « Il nuovo Michael Jackson fa un tuffo nel passato (http:/ / ricerca. repubblica. it/ repubblica/ archivio/
repubblica/ 2001/ 08/ 24/ il-nuovo-michael-jackson-fa-un-tuffo. html)». La Repubblica. Consultado el 10 de mayo de 2009.
[87] Taraborrelli, pp. 576–577
[88] Taraborrelli, p. 597
[89] Taraborrelli, pp. 599–600
[90] Rojek, Chris (2007). *Cultural Studies*. Polity. p. 74. ISBN 0745636837.
[91] Taraborrelli, pp. 610–612
[92] « Ricky Martin, Mariah Carey, Michael Jackson, Others To Join Pavarotti For Benefit (http:/ / www. vh1. com/ news/ articles/ 1426933/
19990505/ carey_mariah. jhtml)». VH1 (5 de mayo de 1999). Consultado el 30 de mayo de 2008.
[93] « Recital Michael Jackson y amigos (http:/ / www. lacortedelreydelpop. com/ recital. htm)». Consultado el 23 de abril de 2010.
[94] « Slash, Scorpions, Others Scheduled For "Michael Jackson & Friends" (http:/ / www. vh1. com/ news/ articles/ 1429785/ 19990527/
guns_n_roses. jhtml)». VH1 (27 de mayo de 1999). Consultado el 13 de octubre de 2009.
[95] Taraborrelli, pp. 614–617
[96] Branigan, Tania (8 de septiembre de 2001). « Jackson spends £20m to be Invincible (http:/ / www. guardian. co. uk/ uk/ 2001/ sep/ 08/
taniabranigan)». The Guardian. Consultado el 23 de julio de 2008.
[97] Nelson George overview, 50-53.
[98] Conniff, Tamara (30 de agosto de 2009). « We Killed Michael Jackson (http:/ / www. huffingtonpost. com/ tamara-conniff/
we-killed-michael-jackson_b_272174. html)». Huffington Post. Consultado el 30 de agosto de 2009.
[99] Jackson, Jermaine (31 de diciembre de 2002). « Entrevista con Jermaine Jackson (http:/ / transcripts. cnn. com/ TRANSCRIPTS/ 0212/ 31/
cct. 00. html)» (en inglés). *CNN*. Consultado el 2 de julio de 2008.
[100] Burkeman, Oliver (8 de julio de 2002). « Jacko gets tough: but is he a race crusader or just a falling star? (http:/ / www. guardian. co. uk/
world/ 2002/ jul/ 08/ oliverburkeman)». The Guardian. Consultado el 23 de julio de 2008.
[101] « Michael Jackson (http:/ / www. mirror. co. uk/ topics/ michael-jackson/)». Daily Mirror. Consultado el 29 de mayo de 2009.
[102] Vineyard, Jennifer (20 de noviembre de 2002). « Michael Jackson Calls Baby-Dangling Incident A 'Terrible Mistake' (http:/ / www. mtv.
com/ news/ articles/ 1458799/ 20021120/ jackson_michael. jhtml)». MTV. Consultado el 3 de marzo de 2009.
[103] « BPI Searchable database — Gold and Platinum (http:/ / www. bpi. co. uk/ index. asp)». British Phonographic Industry. Consultado el 25
de enero de 2009.
[104] Taraborrelli, p. 640
[105] Taraborrelli, p. 661
[106] Davis, Matthew (6 de junio de 2005). *Michael Jackson health concerns* (http:/ / news. bbc. co. uk/ 2/ hi/ entertainment/ 4612897. stm).
BBC. . Consultado el 14 de abril de 2008.
[107] *Michael Jackson jury reaches verdict* (http:/ / www. guardian. co. uk/ jackson/ story/ 0,15819,1505806,00. html). 13 de junio de 2005. .
Consultado el 12 de julio de 2008.
[108] Toumi, Habib (23 de enero de 2006). « Jackson settles down to his new life in the Persian Gulf (http:/ / archive. gulfnews. com/ articles/ 06/
01/ 23/ 10013403. html)». Gulf News. Consultado el 11 de noviembre de 2006.
[109] McNamara, Melissa. « Jackson Closes Neverland House (http:/ / www. showbuzz. cbsnews. com/ stories/ 2006/ 03/ 17/ people/
main1414450. shtml)». CBS. Consultado el 17 de marzo de 2006.
[110] Reid, Shaheem. « James Brown Saluted By Michael Jackson at Public Funeral Service (http:/ / www. mtv. com/ news/ articles/ 1549061/
20061230/ brown_james. jhtml)». MTV. Consultado el 30 de diciembre de 2006.
[111] « Jackson child custody battle (http:/ / news. bbc. co. uk/ 1/ hi/ entertainment/ 5394792. stm)». BBC. Consultado el 30 de septiembre de 2006.

[112] « Michael Jackson buys rights to Eminem tunes and more (http://www.rollingstone.com/rockdaily/index.php/2007/05/31/the-police-plan-mtv-unplugged-performance-michael-jackson-buys-rights-to-eminem-tunes-and-more/)». Rolling Stone. Consultado el 31 de mayo de 2007.

[113] Friedman, Roger (21 de octubre de 2006). « Who's Funding Jackson's Retreat to Irish Recording Studio? - Celebrity Gossip | Entertainment News | Arts And Entertainment (http://www.foxnews.com/story/0,2933,222797,00.html)». FOXNews.com. Consultado el 2 de septiembre de 2009.

[114] « Zona Musical (http://zm.nu/detalle.php?base=zmnews&lay=cgi&form=detalle&tok4=notici&tok5=Noticias&id=17840)». zm.nu. Consultado el 5 de abril de 2008.

[115] « Thriller the best selling album of all time (http://digitalproducer.digitalmedianet.com/articles/viewarticle.jsp?id=312105&afterinter=true)». digitalproducer (20 de febrero de 2008). Consultado el 6 de abril de 2008.

[116] « Michael Jackson Thriller 25 (http://www.ultratop.be/nl/showitem.asp?interpret=Michael+Jackson&titel=Thriller+25&cat=a)». ultratop.be. Consultado el 6 de abril de 2008.

[117] Friedman, Roger (16 de mayo de 2008). « Jacko: Neverland East in Upstate New York (http://www.foxnews.com/story/0,2933,356282,00.html#3)». Fox News Channel. Consultado el 22 de mayo de 2008.

[118] « Choose The Tracks On Michael Jackson's 50th Birthday Album! (http://www.sonybmg.com.au/news/details.do;.tomcat2?newsId=20030829005656)». Sony BMG (20 de junio de 2008). Consultado el 20 de junio de 2008.

[119] « MJ50 - Michael Jackson (http://www.mj50.com.au/)». mj50.com. Consultado el 20 de junio de 2008.

[120] « Michael Jackson — King of Pop (http://acharts.us/album/37399)». acharts.us. Consultado el 11 de septiembre de 2008.

[121] « King of Pop (http://www.ultratop.be/nl/search.asp?search=king+of+pop&cat=a)». www.ultratop.be. Consultado el 5 de septiembre de 2008.

[122] « Michael Jackson: The Last Rehearsal (http://www.life.com/image/88744450/in-gallery/29532/michael-jackson-the-last-rehearsal)». LIFE. Consultado el 28 de agosto de 2009.

[123] Harvey, Michael (26 de junio de 2009). *Fans mourn artist for whom it didn't matter if you were black or white* (http://www.timesonline.co.uk/tol/news/world/us_and_americas/article6580897.ece). The Times. . Consultado el 25 de noviembre de 2009.

[124] *Los Angeles Fire Department recording of the emergency phone call made from Michael Jackson's home* (http://news.bbc.co.uk/2/hi/entertainment/8121884.stm). BBC. 26 de junio de 2009. . Consultado el 22 de noviembre de 2009.

[125] *Transcript of 911 call* (http://news.yahoo.com/s/ap/20090626/ap_en_mu/us_michael_jackson911_transcript). Yahoo! News. 26 de junio de 2009. . Consultado el 27 de junio de 2009.

[126] « Singer Michael Jackson dead at 50-Legendary pop star had been preparing for London comeback tour (http://www.msnbc.msn.com/id/31552029?gt1=43001)». MSNBC (25 de junio de 2009). Consultado el 25 de junio de 2009.

[127] Moore, Matthew (26de junio 2009). « Michael Jackson, King of Pop, dies of cardiac arrest in Los Angeles (http://www.telegraph.co.uk/culture/music/michael-jackson/5643916/Michael-Jackson-King-of-Pop-dies-of-cardiac-arrest-in-Los-Angeles.html)». Telegraph.co.uk. Consultado el 25 de noviembre de 2009.

[128] Tourtellotte, Bob (25 de junio de 2009). *King of Pop Michael Jackson is dead: official* (http://www.reuters.com/article/entertainmentNews/idUSTRE55O6AK20090626). Reuters. . Consultado el 25 de noviembre de 2009.

[129] « El informe oficial califica de homicidio la muerte de Jackson (http://www.elpais.com/articulo/cultura/informe/oficial/califica/homicidio/muerte/Jackson/elpepucul/20090828elpepucul_8/Tes)». Elpais.com (28 de agosto de 2009). Consultado el 2009.

[130] «El médico de Jackson, acusado de recetar medicamentos de forma ilegal (http://www.elmundo.es/elmundo/2009/07/31/cultura/1249053850.html)» (31 de julio de 2009). Consultado el 2009.
[131] «Un examen médico dice que Michael Jackson tenía «el cuerpo de un astronauta» (http://www.abc.es/20090806/gente-rocks-tops-rocks/examen-medico-dice-michael-20090806.html)» (2009). Consultado el 2 de junio de 2010.
[132] «El forense determina que la muerte de Michael Jackson fue un 'homicidio' (http://www.elmundo.es/elmundo/2009/08/28/cultura/1251486541.html)». Elmundo.es (29 de agosto de 2009). Consultado el 2009.
[133] «Michael Jackson Autopsy Repo (http://www.thesmokinggun.com/documents/crime/michael-jackson-autopsy-report)» (en inglés) (8 de febrero de 2010). Consultado el 1 de septiembre de 2010.
[134] «Muerte de Michael Jackson: ¿Conrad Murray bebido? (http://www.lavozlibre.com/noticias/ampliar/77741/muerte-de-michael-jackson-conrad-murray-bebido)» (23 de junio de 2010). Consultado el 1 de septiembre de 2010.
[135] «Familia del "Rey de Pop" inconforme con decisión del Tribunal (http://mexico.cnn.com/entretenimiento/2010/02/09/familia-del-rey-de-pop-inconforme-con-decision-del-tribunal)». CNN México. Consultado el 1 de septiembre de 2010.
[136] «"No soy culpable" de homicidio involuntario: Conrad Murray (http://mexico.cnn.com/entretenimiento/2010/02/08/homicidio-involuntario-cargo-contra-el-doctor-de-michael-jackson)». CNN México. Consultado el 1 de noviembre de 2010.
[137] «'Caso Michael Jackson': Conrad Murray ya atiende a pacientes (http://www.lavozlibre.com/noticias/ampliar/41879/caso-michael-jackson-conrad-murray-ya-atiende-a-pacientes)» (11 de febrero de 2010). Consultado el 1 de septiembre de 2010.
[138] «Médico de Jackson no podrá recetar sedantes (http://www.vanguardia.com.mx/medicodejacksonnopodrarecetarsedantes-467639.html)» (18 de febrero de 2010). Consultado el 1 de septiembre de 2010.
[139] «'Caso Michael Jackson': la verdad, a partir del 23 de agosto (http://www.lavozlibre.com/noticias/ampliar/77355/caso-michael-jackson-la-verdad-a-partir-del-23-de-agosto)» (21 de junio de 2010). Consultado el 1 de septiembre de 2010.
[140] «La audiencia preliminar contra el médico de Michael Jackson se celebrará en enero de 2011 (http://www.europapress.es/chance/gente/noticia-audiencia-preliminar-contra-medico-michael-jackson-celebrara-enero-2011-20100824111159.html)» (24 de agosto de 2010). Consultado el 1 de septiembre de 2010.
[141] Panish Shea & Boyle abogados. «Demanda presentada por Katherine Jackson contra AEG (http://www.psandb.com/articles/mj-complaint.pdf)» (en inglés). Consultado el 01-11-2010.
[142] Panish Shea & Boyle abogados - Publicación de TMZ. «Demanda presentada por Katherine Jackson contra [[AEG (http://tmz.vo.llnwd.net/o28/newsdesk/tmz_documents/0916_jackson_wrongful_death_TMZ_WM.pdf)]]» (en inglés). Consultado el 01-11-2010.
[143] Scott. «Michael Jackson Memorial Earns 31 Million Viewers & More TV News - Inside TV Blog (http://television.aol.com/insidetv/2009/07/09/michael-jackson-memorial-earns-31-million-viewers/)». Television.aol.com. Consultado el 2 de septiembre de 2009.
[144] Allen, Nick. Michael Jackson memorial service: the biggest celebrity send-off of all time (http://www.telegraph.co.uk/culture/music/michael-jackson/5771156/Michael-Jackson-memorial-service-the-biggest-celebrity-send-off-of-all-time.html), *The Daily Telegraph*, 7 de julio de 2009.
[145] Eric Ditzian (4 de septiembre de 2009). «Michael Jackson's Burial: Details On Forest Lawn Mausoleum (http://www.mtv.com/news/articles/1620819/20090904/jackson_michael.jhtml)» (en inglés). MTV. Consultado el 16 de febrero de 2010. «Design of MJ's final resting place was inspired by Italy's Campo Santo and is decorated with ornate artwork.».

[146] «Taylor Swift Edges Susan Boyle for 2009's Top-Selling Album (http://www.billboard.com/#/news/taylor-swift-edges-susan-boyle-for-2009-1004057203.story)» (en inglés) (6 de enero de 2010). Consultado el 7 de enero de 2010.
[147] «Jackson sells 35 million albums since death - Entertainment - Access Hollywood - TODAYshow.com (http://today.msnbc.msn.com/id/37957972/ns/today-entertainment/)» (en inglés) (25 de junio de 2010). Consultado el 30 de junio de 2009.
[148] «Herederos de Michael Jackson firman contrato con Sony (http://www.elpais.com.uy/100316/ultmo-476996/ultimomomento/herederos-de-michael-jackson-firman-contrato-con-sony)» (16 de marzo de 2010). Consultado el 12 de septiembre de 2010.
[149] «El Lunes 12 de Octubre (a las 8:00 AM) se estrena la canción "This Is It", el tema inédito de la película que se estrena el 28 de Octubre (http://www.michaeljackson.com/es/news/el-lunes-12-de-octubre-las-800-am-se-estrena-la-canciÃ³n-it-el-tema-inÃ©dito-de-la-pelÃcula-que-s)» (9 de octubre de 2009). Consultado el 19 de abril de 2010.
[150] «El 27 de octubre se publica el doble álbum "This Is It" con la música de la película (http://www.michaeljackson.com/es/news/el-27-de-octubre-se-publica-el-doble-Ã¡lbum-i-con-la-mÃºsica-de-la-pelÃcula)» (24 de septiembre de 2009). Consultado el 19 de abril de 2010.
[151] «El tema inédito de Michael Jackson ve la luz (http://www.20minutos.es/noticia/539366/0/michael-jackson/tema/inedito/)» (11 de octubre de 2009). Consultado el 17 de mayo de 2010.
[152] «Sony Places Big Bet on a Fallen 'King' (http://online.wsj.com/article/SB10001424052748704588404575124023860735864.html)» (en inglés) (16 de marzo de 2010). Consultado el 17 de marzo de 2010.
[153] «Michael Jackson talks to Oprah Part 7 (http://es.youtube.com/watch?v=ia11Q2uthdo)» (en inglés). *Youtube*. Consultado el 30 de octubre de 2010.
[154] «rock (music) -- Britannica Online Encyclopedia (http://www.britannica.com/EBchecked/topic/506004/rock)» (en inglés). Consultado el 2009.
[155] «Michael Jackson, the king of pop (http://books.google.com/?id=LuEPnk7irOMC&printsec=frontcover)». Books.google.com. Consultado el 2 de septiembre de 2009.
[156] Huey, Steve. «Michael Jackson — Biography (http://www.allmusic.com/artist/p4576)». Allmusic. Consultado el 11 de noviembre de 2006.
[157] «Video: Michael Jackson y todas sus versiones de Thriller (http://quecosasno.wordpress.com/2009/06/27/video-michael-jackson-y-todas-sus-versiones-de-thriller/)» (27 de junio de 2009). Consultado el 2009.
[158] *Who's Bad?* (http://www.time.com/time/magazine/article/0,9171,979177,00.html?internalid=ACA). TIME. 6 de septiembre de 1993. . Consultado el 23 de abril de 2008.
[159] Campbell (1993), p. 303
[160] Campbell (1993), pp. 313–314
[161] George, pp. 45–46
[162] *Guinness World Records 2006*
[163] Lewis, pp. 125–126
[164] *Guinness World Records 2004*
[165] «Michael Jackson the dancer moved us beyond measure; among other gifts, Jackson was dance genius, too (http://www.nydailynews.com/entertainment/michael_jackson/2009/06/29/2009-06-29_michael_jackson_danced_his_way_into_icon_status_among_other_gifts_jackson_was_a_.html)» (en inglés) (29 de junio de 2009). Consultado el 3 de mayo de 2010.
[166] «How to Moonwalk like Michael (http://www.time.com/time/arts/article/0,8599,1907320,00.html)» (en inglés) (25 de junio de 2009). Consultado el 3 de mayo de 2010.

[167] « Moonwalker, el paso que lo inmortalizó (http://www.eluniversal.com.mx/notas/607515.html)» (en inglés) (25 de junio de 2009). Consultado el 3 de mayo de 2010.

[168] « Release of 'Thriller' revolutionised pop music (http://www.france24.com/en/20090626-michael-jackson-thriller-release-revolutionized-music-video-movie-horror-film)» (en inglés) (26 de junio de 2009). Consultado el 3 de mayo de 2010.

[169] « 'Thriller' video remains a classic 25 years later (http://today.msnbc.msn.com/id/24282347/)» (en inglés) (26 de abril de 2008). Consultado el 3 de mayo de 2010.

[170] « Fred Astaire thought Michael Jackson was the greatest dancer (http://michaeljackson-tributes.com/2009/07/03/fred-astaire-thought-michael-jackson-was-the-greatest-dancer/)» (en inglés) (3 de julio de 2009). Consultado el 3 de mayo de 2010.

[171] « Michael Jackson, the king of the pop (http://books.google.com/books?id=LuEPnk7irOMC&printsec=frontcover&source=gbs_navlinks_s#v=onepage&q=Fred Aistraire, James Brown&f=false)» (en inglés). Books.google.com. Consultado el 3 de mayo de 2010.

[172] « Michael's vocal lessons. (http://www.michaeljackson.com/fi/blog/michaels-vocal-lessons)» (en inglés) (14 de diciembre de 2009). Consultado el 19 de abril de 2010.

[173] « About Michael Jackson (http://quotations.about.com/od/recentpopularcelebrities/a/aboutmichael.htm)» (en inglés). Consultado el 19 de abril de 2010.

[174] William Lee Adams (1 de julio de 2006). « The Mysteries of Perfect Pitch (http://www.psychologytoday.com/articles/200607/the-mysteries-perfect-pitch)» (en inglés). Consultado el 2009.

[175] La moda ama a Michael (artículo sobre su legado estético) (http://www.elmundo.es/yodona/albumes/2008/04/03/especial_thriller/index.html) yodona.com

[176] « El otro legado de Michael Jackson: su influencia en el mundo de la moda (http://www.hola.com/hombre/200907099274/michael/jackson/moda/1/)» (9 de julio de 2009). Consultado el 21 de julio de 2010.

[177] « Michael Jackson encarnará a Edgar Allan Poe en una película (http://www.hola.com/musica/2002/08/28/jackson-poe)» (28 de agosto de 2002). Consultado el 31 de octubre de 2010.

[178] « Moonwalker (1988) (http://www.imdb.com/title/tt0095655/)» (en inglés). Consultado el 5 de mayo de 2010.

[179] « Una subasta de objetos de Michael Jackson causa el enfado del cantante (http://www.famaweb.com/noticia-revista-fama-una_subasta_de_objetos_de_michael_jackson_causa_el_enfado_del_cantante-288.html)» (6 de abril de 2007). Consultado el 5 de mayo de 2010.

[180] « Dangerous Tour Infformation (http://www.michael-jackson-trader.com/tours/dangeroustour.html)» (en inglés). Consultado el 5 de mayo de 2010.

[181] « Beyoncé, Top Stars Tip Their Hats to Michael Jackson (http://www.people.com/people/package/article/0,,20287787_20288067,00.html)». People (27 de junio de 2009). Consultado el 27 de junio de 2009.

[182] Reid, Antonio. « Michael Jackson (http://www.rollingstone.com/news/story/5940053/35_michael_jackson)». Rollingstone. Consultado el 6 de marzo de 2007.

[183] Jean-Louis, Rosemary (1 de noviembre de 2004). *Usher, Usher, Usher: The new 'King of Pop'?* (http://www.cnn.com/2004/SHOWBIZ/Music/11/01/usher/). CNN. . Consultado el 6 de marzo de 2007.

[184] « Michael Jackson Is The Reason (http://www.eonline.com/uberblog/b131330_chris_brown_michael_jackson_was_reason.html)». Eonline (26 de junio de 2009). Consultado el 26 de junio de 2009.

[185] « Michael Jackson Is The Reason (http://www.azcentral.com/ent/celeb/articles/2009/07/04/20090704madonna-inspired-by-jackson.html)». AZcentral (4 de julio de 2009). Consultado el 4 de julio de 2009.

Michael Jackson 50

[186] « Ludacris Says Michael Jackson Inspired Him to 'Shoot for the Sky' (http://www.spinner.com/2009/06/27/ludacris-says-michael-jackson-inspired-him-to-shoot-for-the-sky/)». MTV (27 de junio de 2009). Consultado el 27 de junio de 2009.

[187] « Michael Jackson Tried To End 50 Cent Game Beef (http://www.mtv.com/news/articles/1614974/20090630/jackson_michael.jhtml)». MTV (31 de septiembre de 2009). Consultado el 30 de junio de 2009.

[188] « Fall Out Boy Say Their 'Beat It' Clip Is Like All Of Michael Jackson's Videos 'But On A Fall Out Boy Budget' (http://www.mtv.com/news/articles/1585892/20080418/fall_out_boy.jhtml)». MTV (21 de abril de 2008). Consultado el 30 de junio de 2009.

[189] « Green Day Look Forward To Janet Jackson's VMA Tribute To Michael (http://www.mtv.com/news/articles/1621362/20090913/green_day.jhtml)». MTV (13 de septiembre de 2009). Consultado el 13 de septiembre de 2009.

[190] « Michael Jackson Remembered By Miley Cyrus, Ludacris, More (http://www.mtv.com/news/articles/1614749/20090625/jackson_michael.jhtml)». MTV (26 de junio de 2009). Consultado el 26 de junio de 2009.

[191] « Lenny Kravitz (http://www.guardian.co.uk/culture/2002/jul/05/artsfeatures2)». The Guardian (5 de julio de 2002). Consultado el 31 de septiembre de 2009.

[192] "Nelson George overview 24"

[193] Barnes, Brokes (25 de junio de 2009). « A Star Idolized and Haunted, Michael Jackson Dies at 50 (http://www.nytimes.com/2009/06/26/arts/music/26jackson.html?ref=)». *New York Times*. . Consultado el 12 de julio de 2009.

[194] « More adds, loose ends, and lament (http://altmusictv.blogspot.com/2009/07/more-adds-loose-ends-and-lament.html)». The 120 Minutes Archive (25 de julio de 2009). Consultado el 26 de julio de 2009.

[195] *Veja*. Sérgio Martins. "Uma Lenda envolta em mistério, dentro de um enigma.", p.100. Publicado el 1 de julio de 2009.

[196] George, pp. 50–53

[197] « Michael Jackson and Halle Berry Pick Up Bambi Awards in Berlin (http://www.hellomagazine.com/celebrities/2002/11/22/michaeljackson/)». Hello! (22 de noviembre de 2002). Consultado el 23 de julio de 200811 de noviembre de 2006.

[198] « Michael Jackson y Aretha Franklin ingresan al Salón de Leyendas del Apollo (http://www.emol.com/noticias/magazine/detalle/detallenoticias.asp?idnoticia=418964)» (15 de junio de 2010). Consultado el 29 de octubre de 2010.

Michael Jackson 30

[199] « The return of the King of Pop (http://www.msnbc.msn.com/id/15529981/)». MSNBC (2 de noviembre de 2006). Consultado el 8 de junio de 2008.

[200] « Taylor Swift, Michael Jackson dominate American Music Awards nominations [UPDATED (http://latimesblogs.latimes.com/music_blog/2009/10/taylor-swift-michael-jackson-dominate-american-music-awards-nominations.html)]». Los Angeles Times (13 de octubre de 2009). Consultado el 14 de octubre de 2009.

[201] « Most No. 1s By Artist (All-Time) (http://www.billboard.com/bbcom/specials/hot100/charts/most-no1s-overall.shtml)». Billboard. Consultado el 8 de septiembre de 2008.

[202] « Pop Icon Looks Back At A "Thriller" Of A Career In New Interview (http://www.cbsnews.com/stories/2007/11/06/entertainment/main3461884.shtml)». CBS (6 de noviembre de 2007). Consultado el 14 de febrero de 2008.

[203] Lee, Chris (31 de mayo de 2009). « To this financier, Michael Jackson is an undervalued asset (http://www.latimes.com/entertainment/news/la-et-michael-jackson31-2009may31,0,1441957.story)». Los Angeles Times. Consultado el 31 de mayo de 2009.

[204] « Donaciones millonarias - Michael Jackson se convierte en un mito (http://actualidad.orange.es/fotos/michael-jackson-se-convierte-en-un-mito/donaciones-millonarias.html)». Consultado el 2 de mayo de 2010.

[205] « We Are the World tune brings out the best of America's 46 stars (http://books.google.com/books?id=CbMDAAAAMBAJ&pg=PA16&dq=jackson+"we+are+the+world"&lr=&as_drrb_is=q&as_minm_is=0&as_miny_is=&as_maxm_is=0&as_maxy_is=&num=100&as_brr=3&ei=E4EmSvWKIZj2MPnR0ZUL#v=onepage&q=jackson "we are the world"&f=false)». Consultado el 2 de mayo de 2010.

[206] « Record's first profits will go to the hungry (http://www.nytimes.com/1985/05/19/arts/record-s-first-profits-will-go-to-the-hungry.html?sec=& spon=)» (en inglés) (18 de mayo de 1985). Consultado el 2 de mayo de 2010.
[207] « Graban cantantes en español "We are the world" para ayudar a Haití (http://www.cronica.com.mx/nota.php?id_nota=489316)» (20 de febrero de 2010). Consultado el 3 de septiembre de 2010.
[208] « Michael Jackson Heal the World Kids (http://www.allmichaeljackson.com/heal-the-world.html)» (en inglés). Consultado el 2 de mayo de 2010.
[209] « "Heal the World Foundation" desaparece (http://mjhideout.com/forum/noticias-y-rumores/35731-heal-world-foundation-desaparece.html)» (24 de marzo de 2004). Consultado el 19 de abril de 2010.
[210] « What More Can I Give - Michael Jackson, Todo para ti (http://www.lacortedelreydelpop.com/whatmorecanigive5.htm)». Consultado el 21 de abril de 2010.
[211] « Michael Jackson nomination for Nobel Peace Prize (http://www.petitionspot.com/petitions/mjfornobelpeaceprize/)» (en inglés). Consultado el 18 de abril de 2010.
[212] « Michael Jackson sería nominado a Nobel de la Paz (http://hipermusica.com/micahel-jackson-seria-nominado-a-nobel-de-la-paz)». Consultado el 18 de abril de 2010.
[213] « Michael Jackson, descartado para el Premio Nobel de la Paz por haber fallecido (http://www.rtve.es/noticias/20090805/michael-jackson-descartado-para-premio-nobel-paz-por-haber-fallecido/287932.shtml)» (5 de agosto de 2010). Consultado el 19 de abril de 2009.
[214] « Prince Michael II, heredero del excepcional talento del «rey del pop» (http://www.abc.es/20090709/gente-rocks-tops-rocks/prince-michael-heredero-excepcional-200907091217.html)» (9 de julio de 2009). Consultado el 3 de mayo de 2010.
[215] « El día en que Michael Jackson desnudó su alma ante Oprah (http://www.lavozdegalicia.com/portada/2009/06/26/0003124603701797680126.htm)» (25 de junio de 2009). Consultado el 21 de abril de 2010.
[216] « Michael Jackson: Auge y caída del rey del pop:Las operaciones (http://www.emol.com/especiales/2008/musica_cine_espectaculos/michael_jackson/escandalos.html)». Emol.com. Consultado el 6 de mayo de 2010.
[217] « Michael Jackson tenía lupus y vitiligo, según Deepak Chopra (http://www.rpp.com.pe/2009-06-27-michael-jackson-tenia-lupus-y-vitiligo-segun-deepak-chopra-noticia_191110.html)» (27 de junio de 2009). Consultado el 18 de abril de 2010.
[218] « Vitiligo — Sandi Hammons, maquillista de celebridades con maquillaje permanente de artistas niega que "Michael Jackson no quisiera ser negro" (http://tributomichaeljackson.wordpress.com/biografia/sandi-hammons-maquillista-de-celebridades-con-maquillaje-permanente-de-artistas-niega-que-â€.michael-jackson-no-quisiera-ser-negroâ€²/)». Consultado el 19 de abril de 2010.
[219] «[tenía que llevar maquillado todo su cuerpo, cada pulgada de su cuerpo Michael]» (en inglés). Consultado el 30 de octubre de 2010.
[220] « Prince Michael Jackson tiene vitíligo, la enfermedad de su padre (http://www.lavozlibre.com/noticias/ampliar/19330/prince-michael-jackson-tiene-vitiligo-la-enfermedad-de-su-padre)». Consultado el 19 de abril de 2010.
[221] « Marlon Jackson (http://www.nndb.com/people/785/000024713/)» (en inglés). Consultado el 5 de mayo de 2010.
[222] « Jacko's Family Secrets Revealed (http://www.foxnews.com/story/0,2933,137049,00.html)» (en inglés) (29 de octubre de 2004). Consultado el 23 de abril de 2010.
[223] Jones, pp. 229, 259
[224] Taraborrelli, pp. 355–356
[225] Taraborrelli, pp. 413–414
[226] Taraborrelli, p. 610

[227] The New York Times. «Defending Earth With Worms and a Talking Pug (http://www.nytimes.com/2002/07/03/movies/03BLAC.html?ex=1234155600&en=1e9c4a5a1eafc54f&ei=5070)» (en inglés). Consultado el 2009.
[228] The Washington Post. . Consultado el 2008.
[229] Le, Danny (11 de agosto de 2009). «'Michael Jackson's "This Is It," to be Presented In Theaters Around The World (http://www.michaeljackson.com/us/news/michael-jacksons-it-be-presented-theaters-around-world)». MichaelJackson.com. Consultado el 13 de octubre de 2009.

Bibliografía

- George, Nelson (2004). *Michael Jackson: The Ultimate Collection (folleto)*. Sony BMG.
- Guinness World Records (2003). *Guinness World Records 2004*. Guinness. ISBN 1892051206.
- Guinness World Records (2005). *Guinness World Records 2006*. Guinness. ISBN 1-904994-02-4.
- Jackson, Michael (2009). *Moonwalk*. Harmony Books. ISBN 978-0-307-71698-9.
- Lewis, Jel (2005). *Michael Jackson, the King of Pop: The Big Picture: the Music! the Man! the Legend! the Interviews!*. Amber Books Publishing. ISBN 0-974977-90-X.
- Taraborrelli, J. Randy (2009). *Michael Jackson: The Magic, The Madness, The Whole Story, 1958-2009*. Terra Alta, WV: Grand Central Publishing, 2009. ISBN 0-446-56474-5.

Enlaces externos

- Wikiquote alberga frases célebres de o sobre **Michael Jackson**. Wikiquote
- Wikimedia Commons alberga contenido multimedia sobre **Michael Jackson**.Commons
- Wikinoticias tiene noticias relacionadas con **Michael Jackson**.Wikinoticias
- Sitio web oficial (http://www.michaeljackson.com)
- Michael Jackson (http://www.lastfm.es/music/Michael+Jackson) en Last.fm
- Michael Jackson (http://www.myspace.com/michaeljackson) en MySpace
- Michael Jackson (http://dmoz.org/Arts/Music/Bands_and_Artists/J/Jackson,_Michael/) en Open Directory Project
- Michael Jackson (http://www.discogs.com/artist/Michael+Jackson) en Discogs
- Ficha de Michael Jackson en inglés (http://www.imdb.com/name/nm0001391) y en español (http://www.imdb.es/name/nm0001391) en Internet Movie Database.
- Michael Jackson (http://www.allmusic.com/artist/p4576) en Allmusic

Jose Almanza, Editor e investigador.

Fuentes y contribuyentes del artículo 33

Fuentes y contribuyentes del artículo

Michael Jackson *Fuente*: http://es.wikipedia.org/w/index.php?oldid=41776574 *Contribuyentes*: .Sergio, 000x0000x000, 2pac, A ver, AMarcial, Abcpaem, Acid Burn1, Adrruiz, Aelo, Agux, Aioros1990, Airunp, Albert7384, Alejandromarcello, Alejito147, AlexSka, Alexandre Gilbert, Aliuk, Aloneibar, Alzhaid, Amadís, Amontero, Andres sanca, Angelevyn, Antur, Antón Francho, Aparejador, AricoD, Arkana84, Armando-Martin, Axxgreazz, B1mbo, BRONZINO, Baiji, Balderai, Banfield, Barfly2001, Beat 768, Beatlefantomas, Benru0055, Beto29, BetoCG, Billyrobshaw, Blaxman, Bolt58, Brindys, Brit, Bubito Liga, Bucephala, C'est moi, Camilo, Camima, Canarii, Carlos t, Carlosjavi82, Carlosu7, Ceat 700, Charlyfar, Chelero, Chelo61, Chewie, Chibestia, Chubby the bink, Cobalttempest, CommonsDelinker, Conocio, Corbachini33, Cruento, Csaramirez, Cuadra, DEDB, DJZangalewa, Dac317, Daimakura, Dalton2, Daniblanco, Daniel elmejor2, Danielba894, Davesoul, David, Davidmartindel, Davinci16631, Decimetoni, Desatonao, Diegusjaimes, Digigalos, Dinss 48, Diosa, Dodo, Dollymaniaco09, Dvdcrojas, E-Yahpp, Eamezaga, Ecthor8, Edescas, Edmenb, Edub, Efegé, Efraimdemurcia, Eisolee, El hobbit Guisen, El tiu Cancho, Elberth 00001939, Elberth Andres, Elcarliitos, Eledwin01, Elliniká, Elpunkypato, Emijrp, Emtei, Enrikemq, Er Komandante, Eric, Erlandinho, Erodrigufer, Eustanacio IV, Ezarate, FCPB, Fandecrepusculo, Fclaudios, Felviper, Ferbrunnen, Filipo, Fmariluis, Foxfire, Fpintod, FrancoGG, Franek wro, Furado, Futbolero, Félix J. Troncoso U., GOJUKA, Gabzuka, Galandil, Galio, Gelpgim22, Gerkijel, Globalphilosophy, Globos 366, Gogo rojo, Gons, Greek, Grillitus, Gusgus, Gusib, Góngora, Hispa, Hugodedo, Huhsunqu, Humberto, Ichikawa, Ignacio Icke, Inefable001, Inforeduc, Irbian, Isha, Iveránn, Izanartu, JMPerez, Jabernal, Jackie27, Jacko2007, Jake Z, Jamesbond raul, Jarke, Javichu el jefe, Jecanre, Jenpyyo, Jjvaca, Jmieres, Jojo2010, Jomra, Jorditxei, JorgeGG, Juampi12, JuanFeCaPa, JuanPaBJ16, Julianortega, Julie, Julio1017, Jurock, Jxampiitoxx, Jynus, Jøel Brutal Death, KES47, Kadellar, Kekkyojin, Kermoareb, Kingpowl, Klauhhhh, Klaus 15, Kordas, Kpo!09, Krlzh, Kved, LMLM, LadyInGrey, LeCire, Libertad y Saber, Link58, Liveral, Lmlor, Ludeir, Luis Felipe Schenone, Luis1970, LuisArmandoRasteletti, MJ majestad del pop, MJ111Jackson, Macalla, MadJoker, Madredenorman, Magnakai, Mahey94, Makila, Maktin18metaleria, Maldoror, Mampato, Mandrake33, Manel PB, Mansoncc, Manuguay, Manwë, Marinna, Martin H., Martinetekun, Martinhache, Matdrodes, McPolu, Mel 23, Mexicumbia, MielDeAbejas, Migang2g, Miguel, Mike-hilal, Millars, Mjj, Montgomery, Moraleh, MotherForker, Moustique, Muro de Aguas, Murphy era un optimista, Máximo de Montemar, Nadasdertf, Niko.villano, Nixón, No sé qué nick poner, Obelix83, OboeCrack, Olisseh, OscarFercho, Owairan, Pablo323, Pacoperez6, Pacostein, Paintman, Periko36, Phobos gr, Phoenix1975, Phosky, Pilaf, Pintoandres90, Pipepupo, Platonides, Plus18, PoLuX124, Poco a poco, Poff, Powerx, Prm, Pumk, Quothalas, Qwertymith, RDAnte, RUBASSSS, Rarito09, Rastrojo, Rec79, Redeyes, Revenger of Fallen, Rexstyler, Rgcamus, Richy, Ricky77, Roberto Martín, Rohitrrrrr, Ronho Asi y Asao, Roquentin, Rowley, Rrosash, Rsg, Ruberyuka, Rumpelstiltskin, Rαge, SMP, STW, Sabbut, Saloca, Seebiitaaw, Sergiportero, Setita, Shooke, Sking, Somekindofsign, Sony9, Sotocesaretti, Srg0782, Subitosera, Super 8, Superzerocool, Surfaz, Suricata, Taichi, Tatvs, Taty2007, The Munsters, The titox2, Thriller1988, Tico, Tigerfenix, Titan s10, TitusPunker, Toasije, Tomatejc, Tuberror, Turkmenistan, Tv insomne, Tvap91, Urdangaray, Usquiano, Veon, Veraliton, Veronicalivia, Verowhite, Vicjavaman, Viento Turquesa, Vitamine, Vrysxy, Vubo, Wady21, Walterllanos, Wearethedead, Wikisilki, Will vm, XalD, Xopauxo wiki, Yagamichega, Yrithinnd, Zufs, 522 ediciones anónimas

Fuentes de imagen, Licencias y contribuyentes

Archivo:Michael Jackson 1984.jpg *Fuente*: http://es.wikipedia.org/w/index.php?title=Archivo:Michael_Jackson_1984.jpg *Licencia*: Public Domain *Contribuyentes*: White House Photo Office
Archivo:Flag of the United States.svg *Fuente*: http://es.wikipedia.org/w/index.php?title=Archivo:Flag_of_the_United_States.svg *Licencia*: Public Domain *Contribuyentes*: User:Dbenbenn, User:Indolences, User:Jacobolus, User:Technion, User:Zscout370
Archivo:Michael Jackson signature.svg *Fuente*: http://es.wikipedia.org/w/index.php?title=Archivo:Michael_Jackson_signature.svg *Licencia*: Public Domain *Contribuyentes*: User:Ssolbergj
Archivo:2300 Jackson Street.jpg *Fuente*: http://es.wikipedia.org/w/index.php?title=Archivo:2300_Jackson_Street.jpg *Licencia*: Creative Commons Attribution 2.0 *Contribuyentes*: moniquewingard

Michael Jackson 54

`Archivo:Palace Thriller.jpg` *Fuente*: http://es.wikipedia.org/w/index.php?title=Archivo:Palace_Thriller.jpg *Licencia*: Creative Commons Attribution 2.0 *Contribuyentes*: Rick Hall

`Archivo:Michael Jackson with the Reagans.jpg` *Fuente*: http://es.wikipedia.org/w/index.php?title=Archivo:Michael_Jackson_with_the_Reagans.jpg *Licencia*: Public Domain *Contribuyentes*: White House Photo Office

`Archivo:Michaeljackson (cropped).jpg` *Fuente*: http://es.wikipedia.org/w/index.php?title=Archivo:Michaeljackson_(cropped).jpg *Licencia*: Creative Commons Attribution 2.0 *Contribuyentes*: Alan Light

`Archivo:Michael Jackson The Way You Make Me Feel.jpg` *Fuente*: http://es.wikipedia.org/w/index.php?title=Archivo:Michael_Jackson_The_Way_You_Make_Me_Feel.jpg *Licencia*: Creative Commons Attribution-Sharealike 3.0 *Contribuyentes*: User:Kpo!09

`Archivo:NeverlandRides.jpg` *Fuente*: http://es.wikipedia.org/w/index.php?title=Archivo:NeverlandRides.jpg *Licencia*: Creative Commons Attribution 3.0 *Contribuyentes*: ALE!, Bidgee, D-Kuru, Horst-schlaemma, Jw4nvc, Mattes, Str4nd, 4 ediciones anónimas

`Archivo:Lisa Marie Presley at car race.jpg` *Fuente*: http://es.wikipedia.org/w/index.php?title=Archivo:Lisa_Marie_Presley_at_car_race.jpg *Licencia*: desconocido *Contribuyentes*: Cirt, Thivierr

`Archivo:Michael Jackson sculpture.jpg` *Fuente*: http://es.wikipedia.org/w/index.php?title=Archivo:Michael_Jackson_sculpture.jpg *Licencia*: Creative Commons Attribution 2.0 *Contribuyentes*: Sjors Provoost from Utrecht, Netherland.

`Archivo:Michael Jackson Cannescropped.jpg` *Fuente*: http://es.wikipedia.org/w/index.php?title=Archivo:Michael_Jackson_Cannescropped.jpg *Licencia*: Creative Commons Attribution-Sharealike 3.0 *Contribuyentes*: User:Pyrrhus16

`Archivo:Jackson fans.jpg` *Fuente*: http://es.wikipedia.org/w/index.php?title=Archivo:Jackson_fans.jpg *Licencia*: Creative Commons Attribution 2.0 *Contribuyentes*: newrafael

`Archivo:Michael Jackson 2006.jpg` *Fuente*: http://es.wikipedia.org/w/index.php?title=Archivo:Michael_Jackson_2006.jpg *Licencia*: Creative Commons Attribution-Sharealike 2.0 *Contribuyentes*: Arniep, Ed g2s, Flominator, Gandalfcobaye, Hercule, Jamcib, Okki, ReWinD, Str4nd, Telemaque MySon, ZooFari, 3 ediciones anónimas

`Archivo:Propofol.jpg` *Fuente*: http://es.wikipedia.org/w/index.php?title=Archivo:Propofol.jpg *Licencia*: Public Domain *Contribuyentes*: Original uploader was Erich gasboy at en.wikipedia Later version(s) were uploaded by Eequor at en.wikipedia.

`Archivo:Michael Jackson Star on Hollywood Blvd (cropped).jpg` *Fuente*: http://es.wikipedia.org/w/index.php?title=Archivo:Michael_Jackson_Star_on_Hollywood_Blvd_(cropped).jpg *Licencia*: Creative Commons Attribution 2.0 *Contribuyentes*: Original uploader was SlimVirgin at en.wikipedia

`Archivo:Michael Jackson's "Bad" Jacket and Belt.jpg` *Fuente*: http://es.wikipedia.org/w/index.php?title=Archivo:Michael_Jackson's_"Bad"_Jacket_and_Belt.jpg *Licencia*: Creative Commons Attribution-Sharealike 2.0 *Contribuyentes*: SnapShot Boy

`Archivo:Michael-jackson-vector.jpg` *Fuente*: http://es.wikipedia.org/w/index.php?title=Archivo:Michael-jackson-vector.jpg *Licencia*: Creative Commons Attribution 2.0 *Contribuyentes*: Vectorportal

`Archivo:Michael Jackson's Glove and Cardigan.jpg` *Fuente*: http://es.wikipedia.org/w/index.php?title=Archivo:Michael_Jackson's_Glove_and_Cardigan.jpg *Licencia*: Creative Commons Attribution-Sharealike 2.0 *Contribuyentes*: savemejebus

`Archivo:MichaelJackson1984VictoryTourBillieJeanJacketBlackSequinFront.JPG` *Fuente*: http://es.wikipedia.org/w/index.php?title=Archivo:MichaelJackson1984VictoryTourBillieJeanJacketBlackSequinFront.JPG *Licencia*: Creative Commons Attribution-Sharealike 3.0 *Contribuyentes*: User:DinhoGauch10

`Archivo:MJ Star.jpg` *Fuente*: http://es.wikipedia.org/w/index.php?title=Archivo:MJ_Star.jpg *Licencia*: Creative Commons Attribution-Sharealike 2.0 *Contribuyentes*: Buda Fabio Mori

`Archivo:LionelRichie0995-1000.jpg` *Fuente*: http://es.wikipedia.org/w/index.php?title=Archivo:LionelRichie0995-1000.jpg *Licencia*: Creative Commons Attribution-Sharealike 2.5 *Contribuyentes*: Dwight McCann

`Archivo:Aerial-NeverlandTrainStation.jpg` *Fuente*: http://es.wikipedia.org/w/index.php?title=Archivo:Aerial-NeverlandTrainStation.jpg *Licencia*: Creative Commons Attribution 3.0 *Contribuyentes*: D-Kuru, Jw4nvc

`Archivo:Michael Jackson 1988.jpg` *Fuente*: http://es.wikipedia.org/w/index.php?title=Archivo:Michael_Jackson_1988.jpg *Licencia*: Creative Commons Attribution 2.0 *Contribuyentes*: Alan Light

`Archivo:Michael Jackson in Vegas cropped-3.jpg` *Fuente*: http://es.wikipedia.org/w/index.php?title=Archivo:Michael_Jackson_in_Vegas_cropped-3.jpg *Licencia*: Creative Commons Attribution 2.0 *Contribuyentes*: User:Pintoandres90, User:TheCuriousGnome

`Archivo:Spanish Wikiquote.SVG` *Fuente*: http://es.wikipedia.org/w/index.php?title=Archivo:Spanish_Wikiquote.SVG *Licencia*: desconocido *Contribuyentes*: User:James.mcd.nz

`Imagen:Commons-logo.svg` *Fuente*: http://es.wikipedia.org/w/index.php?title=Archivo:Commons-logo.svg *Licencia*: logo *Contribuyentes*: User:3247, User:Grunt

`Archivo:Wikinews-logo.svg` *Fuente*: http://es.wikipedia.org/w/index.php?title=Archivo:Wikinews-logo.svg *Licencia*: logo *Contribuyentes*: User:Simon, User:Time3000

Licencia

Creative Commons Attribution-Share Alike 3.0 Unported
http://creativecommons.org/licenses/by-sa/3.0/

Made in United States
Orlando, FL
16 October 2024